차례

이런, 창문에 끼었어! 8
물이 뚝뚝 떨어지는 총 10
범인은 바로 개 주인! 12
눈앞이 캄캄하네! 14
남의 집도 내 집처럼! 16
쓰레기를 뒤지다가 그만… 18
운 나쁜 히치하이크 20
희귀한 돈인 줄 몰랐지! 22
오븐 속은 안 뒤지겠지? 24
자동차 도둑의 개 사랑 26
전화번호를 남긴 친절한 도둑 28
차 문이 안 열려! 30

도둑 잡은 자동문 32
훔친 휴대 전화로 찰칵! 34
분실물 찾으러 오세요 36
원한다면 찾아 주지 38
파란 담요 뒤에 꼭꼭 숨어라 40
다 먹었어? 그럼… 튀어! 42
산타를 흉내 내다가 큰코다친 도둑 44
경찰에게 걸려 온 협박 전화 46
아주 기특한 오줌 48
다시 만난 신용 카드 50
제 차를 찾아 주세요! 52
더 열심히 칠할 걸 그랬어! 54
앞을 잘 봤어야죠! 56
쓰레기로 남긴 흔적 58

편의점에 두고 온 지갑 60
왼쪽? 오른쪽? 어디로 가지? 62
꽉 막힌 도주로 64
스스로 찾아온 지명 수배자 66
앗, 어디에 돈을 담지? 68
차창 밖으로 돈이 후두둑! 70
누군가 널 지켜보고 있다! 72
기름투성이 손가락 때문에… 74
도둑 잡은 멧돼지 무리 76
검색하면 금방 나올 줄 알았지 78
죄수복이 너무 좋아서… 80
에이요! 랩으로 한 자백 82
팬티 바람의 창피한 탈출 84
삐뚤빼뚤 글씨체 때문에… 86

계산… 아니, 도둑질할게요 88
잘못 건 전화 한 통에… 90
휴대 전화에 담긴 정보 92
으아악, 완두콩 더미가 와르르! 94
도둑질에도 줄 서기는 중요해! 96
야, 제발 그만 내려가! 98
당신, 활짝 웃어 보세요! 100
잠깐 눈을 붙였을 뿐인데… 102
이상한 소리의 정체 104
들통나 버린 가짜 서류 106

어서 오세요! 감옥입니다 108
팬티를 뒤집어쓴 도둑 110
다 지워서 안 보일 줄 알았는데… 112
개 가면을 쓴 도둑 114
텔레비전에 푹 빠진 도둑 116
지폐에 잘못 나온 얼굴 118
혹시 이 연장의 주인을 아십니까? 120
엄마에게 건 전화 한 통 122
경찰과 나눈 문자 메시지 124
당신, 찍히고 있어! 126
잠시 나갔다가 돌아오려 했는데… 128

이런, 기름이 없잖아! 130
달콤한 추격전 132
느려도 너무 느린 도망자 134
범인을 잡기 위한 거짓 시험 136
치즈 맛 과자를 따라가세요 138
더러운 건 못 참아! 140
줄을 잘 섰어야지! 142
트렁크에 갇힌 남자 144
방심하다 큰코다쳐요 146
왜 하필 그 순간 바지가 주르륵… 148
순식간에 몸이 불어난 여자 150
변기에 찍힌 손바닥 자국 152
뻔뻔한 트럭 주인 154
동전 길을 따라서 156

몸에 새긴 범죄 현장................158
친절한 전화 예고....................160
열면 잠그고, 또 열면 잠그고…......162
숨바꼭질이라고?...................164
훔친 돈이랑 바꾸실래요?...........166

기발하고 괴상하고 웃긴 퀴즈 타임!...168

이런, 창문에 끼었어!

캐나다 온타리오주 윈저

어쩌면 좋아! 빈 가게를 털고 빠져나가던 도둑이 그만 창틀 사이에 몸이 꽉 끼고 말았어. 도둑은 몇 시간 동안이나 낑낑대다가 결국 살려 달라고 크게 소리쳤지. 나중에 가게에 도착한 주인은 도둑의 절규를 듣고 경찰을 불렀단다. 당시 현장에 출동했던 경찰은 이렇게 말했어.
"몸을 빼내려고 얼마나 발버둥을 쳤는지 도둑은 온몸이 긁히고 베어 상처투성이였어요. 경찰을 그렇게 반가워하는 도둑은 처음 봤다니까요."

> 알래스카에서는 **겨울잠을 자는 곰을 깨워** 사진을 찍는 게 **불법이야!**

오늘날에는 해결하기 어려운 복잡한 사건 사고의 진실을 밝히기 위해 '과학 수사'를 해. 사건 현장에 남아 있는

불법: 법에 어긋남.

단서를 화학, 의학, 컴퓨터 복원 기술 등으로 분석해서 사건을 해결하는 수사 방법이지.

단순히 남의 물건을 빼앗는 짓은 '절도'라고 하고, 다른 사람을 때리거나 협박해서 빼앗는 짓은 절도와 구별해

물이 뚝뚝 떨어지는 총
미국 뉴욕주 롱아일랜드섬 레빗타운

"꼼짝 마! 어서 돈을 내놔."

가게를 털러 온 강도가 사장을 위협했어. 잔뜩 겁먹은 사장은 꼼짝없이 당하겠다 싶어 벌벌 떨었지. 그런데 강도가 들고 있는 총구멍에서 물이 뚝뚝 떨어지는 게 아니겠어? 사장은 곧 가짜 총이라는 걸 알아차렸지. 강도가 방아쇠를 당겨도 물에 흠뻑 젖을 뿐, 위험하지 않다는 걸 깨달은 사장은 강도에게 돈을 내어 주지 않았어. 결국 강도는 아무것도 얻지 못한 채 달아났고, 나중에 경찰에 붙잡히고 말았단다. 물총을 들고 도둑질을 하려고 하다니, 이 강도는 어리석었던 걸까? 무지 대담했던 걸까?

중국의 어떤 도둑이 **5층짜리 아파트**를 기어오르다가 힘이 빠져서 벽면에 **대롱대롱** 매달리고 말았어.

'강도'라고 한단다. 당연히 강도가 절도보다 더 강한 처벌을 받겠지?

범인은 바로 개 주인!

미국 일리노이주 시카고 엘크그로브 빌리지

개를 산책시키는 걸 무척 따분해하던 한 아이는 어느 날 이웃이 차를 몰고 나가는 걸 보았어. 그건 곧 이웃집이 비어 있다는 뜻! 아이는 호기심이 발동해서 개를 데리고 이웃집으로 들어갔지. 그런데 이를 어쩌지? 집주인이 몇 분 뒤에 다시 집으로 돌아왔지 뭐야. 아이는 화들짝 놀라서 집을 빠져나갔는데 너무 놀란 나머지 중요한 걸 잊어버렸어. 개를 이웃집에 두고 온 거야! 경찰은 개 목에 달린 이름표를 보고 침입자의 정체를 금방 알아낼 수 있었단다. 집에 돌아왔는데 처음 보는 개가 반기고 있었다니. 집주인은 얼마나 깜짝 놀랐을까?

> 폴란드에서 도둑 두 명이 **달팽이 약 35만 마리**를 훔치다 붙잡혔어.

우리나라 최초의 한글 소설 『홍길동전』의 주인공 '홍길동'은 백성의 재물을 빼앗은 양반들의 재물을 다시 훔쳐

가난한 사람들에게 나눠 주었어. 사람들은 그를 정의로운 도둑이라는 의미로 '의적'이라 불렀단다.

우리나라 대표 과학 수사 기관은 '국립 과학 수사 연구원'이야. 줄여서 '국과수'라고도 부르지. 1955년에 처음

눈앞이 캄캄하네!
미국 캘리포니아주 머데스토

강도는 보통 다른 사람들이 자기 얼굴을 알아보지 못하도록 얼굴을 수건이나 보자기 같은 헝겊으로 둘러. 이걸 복면이라고 하지. 그런데 이런 강도도 있었단다. 미국의 한 어리석은 강도가 은행을 털려고 침입한 뒤 복면을 썼어. 그런데 아뿔싸! 깜박하고 눈 부분을 안 뚫었지 뭐야. 강도는 결국 앞을 보려고 복면을 들어 올렸다가 은행에 있는 모든 사람들에게 얼굴을 들키고 말았지. 이미 얼굴이 다 알려졌으니 경찰이 강도를 잡는 건 어렵지 않았겠지?

얼굴을 가리려고 **복면 대신에 싱크대를 뒤집어쓴** 강도도 있어.

만들어진 이후로 우리나라의 크고 작은 사건들을 과학적으로 수사해서 해결했어.

남의 집도 내 집처럼!

미국 사우스캐롤라이나주 앤더슨

대부분 도둑은 빈집에 침입했을 때 물건을 훔치고 얼른 빠져나와. 하지만 그렇지 않은 도둑도 있나 봐. 이 도둑은 도둑질하러 들어간 집에서 핫도그를 튀기고, 주스도 한 병 갈아 마시며 여유로운 시간을 보냈지. 그런데 이웃이 집에 무슨 일 없는지 확인해 주러 잠깐 들렀다가 가스레인지 위에서 지글지글 익고 있는 소시지를 발견했어! 경찰은 곧 도착했고, 숨어 있던 간 큰 도둑을 체포했단다. 이제 도둑은 여유로운 생활을 할 수 있게 되었어. 물론 감옥에서!

알래스카의 한 금고 털이범이 금고 주인을 위해 약 1억 원은 남겨 두고 2500만 원 정도만 훔쳐 갔어.

범죄 현장에서 발견된 발자국, 지문, 피, 침, 땀, 머리카락 등은 범인을 잡는 데 중요한 증거가 돼.

지문: 손가락 끝마디 안쪽에 있는 살갗의 무늬. 또는 그것이 남긴 흔적.

글로 쓰인 최초의 법전은 기원전 2100~2050년 사이에 만들어진 우르남무 법전이야. 다른 사람을 죽이거나

18 기원전: 기원 원년 이전. 예수가 태어난 해를 기준으로 하여 그 이전의 시대를 이른다.

쓰레기를 뒤지다가 그만…
미국 사우스캐롤라이나주 딜런

어떤 도둑이 폐차장에서 구리줄을 훔치려고 쓰레기가 가득 담긴 컨테이너 아래로 기어 들어갔다가 몸이 꽉 끼어 버렸어. 아무리 낑낑대며 버둥거려 봐도 움직일 수 없었지. 결국 도둑은 컨테이너 밑에서 꼬박 밤을 새고 말았단다. 다음 날 경찰과 구조대가 출동해 컨테이너를 들어 올린 뒤에야 도둑은 구조될 수 있었어. 그 도둑은 당연히 경찰에 체포되었지. 하지만 도둑은 자기를 체포해 준 경찰에게 아주 고마워하지 않았을까? 생명의 은인이기도 하니까.

컨테이너: 쇠로 만든 큰 상자. 주로 화물을 이동할 때 사용한다.

어떤 남자가 약 **2400만 원**짜리 **다이아몬드 반지**를 훔치다가 경찰에 체포되자 **꿀꺽** 삼켜 버렸어.

물건을 훔쳤을 때, 어린아이를 납치했을 때 등 나쁜 짓을 저지르면 어떤 벌을 받는지 적혀 있어.

운 나쁜 히치하이크

영국 잉글랜드 나더워터

한 남자가 집에 들어가다가 현관문이 부서진 채로 열려 있는 걸 발견했어. 남자는 곧장 도둑을 잡으러 나섰지. 남자는 생각보다 빨리 도둑을 찾아냈단다. 자기 집에서 훔친 물건들을 수레에 실어서 걸어가고 있었거든. 남자는 자동차의 속도를 줄이고, 천천히 도둑을 향해 다가갔어. 그러고는 도둑을 빤히 바라봤지. 그런데 이게 웬일이야? 어떻게 할까 고민하는 순간 도둑이 다가와 말을 거는 거야.
"어디로 가실지 모르겠지만 저 좀 태워 줄 수 있나요?"
남자는 곧바로 경찰을 불렀고, 도둑은 남자의 차가 아닌 경찰차를 타고 그곳을 떠났단다. 어디로 갔냐고?
바로 경찰서지!

히치하이크: 지나가는 자동차를 붙잡아 얻어 타는 일.

미국 뉴욕주의 한 은행에 영화 「스타워즈」의 악당인 **다스 베이더 가면**을 쓴 **강도가** 들이닥친 적이 있어.

지문은 태어나기 전 엄마 배 속에 있을 때부터 만들어지고, 사람마다 그 모양이 달라. 생김새가 똑같은 일란성

우리나라 지폐에는 가짜 돈과 구분할 수 있도록 은색 선을 넣거나, 보는 각도에 따라 그림이 달라 보이게 하거나,

희귀한 돈인 줄 몰랐지!
미국 미시간주 캘러머주 카운티

세 명의 강도가 힘을 모아 현금이 가득 들어 있는 금고를 훔쳤어. 야호! 강도들은 너무 기쁜 나머지 돈을 흥청망청 써 댔어. 순식간에 지폐 대부분을 써 버렸지. 강도들은 이제 일상생활에서는 잘 쓰지 않는 1000달러짜리 고액지폐를 다른 지폐로 바꾸려고 은행에 가져갔어. 하지만 그들은 이 고액지폐가 1945년 이후로 만들어지지 않았다는 사실은 몰랐단다. 1000달러짜리 지폐를 받고 수상하게 여긴 은행 직원은 바로 경찰에 연락했어. 경찰에 붙잡혀 간 강도들은 '공부 좀 해 둘걸.' 하고 후회했겠지?

고액지폐: 큰 액수의 지폐.

미국 펜실베이니아주에서 **삐에로 분장**을 하고 은행을 털던 한 여자가 **5분 만에** 체포됐어.

숫자나 문자를 만졌을 때 오돌토돌하게 느껴지게 하는 등 다양한 장치를 만들어 놓았어.

오븐 속은 안 뒤지겠지?
미국 미네소타주 퍼거스폴스

식당을 털러 들어간 도둑이 들켰을 때 숨기에 가장 안전한 곳은? 어느 도둑은 그게 바로 '오븐'이라고 생각했어. 이 도둑은 식당에서 도둑질을 하다가 경보음이 울리자 발을 동동 구르며 숨을 곳을 찾았어. 그사이 출동한 경찰들은 금세 식당 주변을 둘러쌌지. 결국 도둑은 자기 몸을 작게 웅크려 오븐 속에 들어가기 시작했단다. 하지만 경찰은 오븐에 찌그러져 있는 초짜 도둑을 금방 찾았고, 도둑은 그 자리에서 바로 체포되었어. 경찰이 찾기 전에 요리사가 오븐을 켰다면 어떻게 되었을까?

경보음: 갑작스러운 사고나 위험을 알리는 소리.

> 미국 캔자스시티 동물원에서 **유모차에 미어캣을 태워** 훔쳐 간 도둑들이 있었어.

해적은 배를 타고 다니면서 다른 배를 약탈하고, 사람들에게 피해를 입혀. 바다 위의 강도라고 할 수 있지.

범죄를 저지른 뒤에 다시 범죄를 저지르는 걸 '재범'이라고 해. 2020년 법무부 자료에 따르면 우리나라에서

자동차 도둑의 개 사랑

미국 캘리포니아주 샌라파엘

자기 잘못을 결코 반성하지 않는 사람들이 있어. 자동차를 훔쳐 감옥에 갔다 풀려난 뒤에 또다시 남의 차를 훔친 이 남자처럼 말이지. 남자는 훔친 차에 개 일곱 마리를 태우고 가던 중 한 건물의 주차장에서 뒷문을 열어 둔 채 내렸어. 그런데 그중 몇 마리가 뒷문으로 빠져나와 주차장을 마구 뛰어다녔지 뭐야. 그 광경을 본 누군가가 건물의 보안 부서에 신고했어. 보안 부서에서 차 번호판을 조회해 도난당한 차량이라는 걸 알아냈지. 경찰이 차 도둑을 체포하러 왔는데, 도둑이 헐레벌떡 달려오더니 이렇게 말했대.
"우리 개들은 괜찮나요?"

어떤 여자가 오전 10시 30분 이후에는 **치킨 너겟**을 살 수 없다는 안내를 받고 **패스트푸드점**의 **창문**을 부숴 버렸어.

감옥에 들어갔다가 나온 범죄자 네 명 중 한 명꼴로 3년 안에 다시 범죄를 저질러서 감옥에 간대.

전화번호를 남긴 친절한 도둑

미국 일리노이주 시카고

자동차용품점에서 돈을 훔치려고 들어간 도둑이 직원들에게 현금이 없다는 사실을 알아챘어. 사장에겐 더 많은 돈이 있겠지만, 그 자리에 사장은 없었지. 사장이 올 때까지 기다리기 싫었던 도둑은 이렇게 하기로 했어. 직원들에게 자기 전화번호를 알려 주면서 사장이 오면 전화하라고 한 거야. 과연 직원들이 순순히 도둑의 말을 들었을까? 당연히 아니야. 직원들은 도둑이 떠난 뒤에 경찰을 먼저 부르고 도둑에게 전화했지. 도둑이 설레는 마음으로 다시 가게에 나타났을 때는 사장과 경찰이 함께 기다리고 있었단다.

미국 몬태나주의 한 가정집을 침입한 **흑곰**이 옷장에서 **쿨쿨 낮잠을 자다가** 경찰에 붙잡혔어.

'감옥살이하다'를 속된 말로 '콩밥을 먹다'라고 표현하기도 해. 이 말은 일제 강점기 때 죄수들이 값싼 콩으로 만든

콩밥을 먹었던 것에서 비롯되었지. 지금은 구치소나 교도소에서 지내는 수감자 전부 쌀밥을 먹어.

몽타주는 용의자를 본 사람들의 증언을 바탕으로 범인의 얼굴을 그린 그림이야. 요즘은 우리나라 사람 4천 명의

용의자: 범죄를 저질렀다는 의심을 받고 있는 사람.

차 문이 안 열려!

미국 텍사스주 스탠턴

약국에서 한바탕 도둑질을 하고 도망치려고 자기 차로 뛰어간 도둑은 화들짝 놀라고 말았어. 차 열쇠를 차 안에 둔 채로 문을 잠가 버린 거야. 하는 수 없이 남자는 걸어서 도망을 쳤는데 곧 경찰에 붙잡혔지. 남자는 자기를 체포한 경찰관에게 이렇게 말했어.
"제 차가 괜찮은지 좀 봐 줄래요?"
경찰은 차가 무사하다고 얘기해 주었을 뿐 차 문은 열어 주지 않았어. 도둑이 두고 온 차가 괜찮은지보다 도둑을 잡는 게 더 중요했거든.

> 싱가포르에서는 운전대를 **한 손으로** 잡고 **운전하면** 벌금을 약 **80만 원**이나 내야 해.

얼굴을 분석한 인공 지능 몽타주 시스템을 활용하지. 이 시스템은 시간이 흘러 변하는 외모까지 표현할 수 있대.

도둑 잡은 자동문

스위스 발레주 넨다

쇼핑몰에서 밤늦게까지 실컷 도둑질을 한 남자가 문밖으로 빠져나가려는 순간, 자동문이 닫히고 말았어. 갑자기 닫힌 자동문 때문에 남자는 목과 발이 꽉 끼었지. 남자는 지나가는 사람들에게 제발 좀 꺼내 달라고 애원했지만, 사람들은 도와주지 않았어. 남자가 어쩌다 자동문에 끼었는지 알 것 같았거든. 결국 남자를 구해 준 건 경찰이었단다. 자동문이라고 쉽게 몸을 갖다 대면 생각지도 못한 일이 벌어질 수 있으니 항상 조심하는 게 좋아.

> 지금까지 개인이 도난당한 **가장 큰 물건**은 1966년 캐나다의 **10,639톤짜리 화물선**이야.

우리나라에서 교통사고로 죽은 사람 10명 중 1명은 횡단보도가 없는 곳에서 차도를 건너다가 사고가 났대.

훔친 휴대 전화로 찰칵!

미국 오하이오주 신시내티

어떤 도둑이 길을 안내해 주는 척하면서 한 젊은 여자의 휴대 전화를 훔쳤어. 다행히 휴대 전화의 최신 정보 저장 기술 덕분에 경찰은 도둑이 훔친 휴대 전화로 무얼 하는지 추적할 수 있었지. 마침내 도둑이 휴대 전화 카메라로 자기 사진을 찍자 경찰은 그 사진을 공개하며 도둑을 찾기 시작했고, 도둑을 아는 사람의 신고를 받아 붙잡을 수 있었단다. 도둑을 체포한 경찰은 이렇게 말했어. "도둑들은 보통 휴대 전화를 훔치자마자 바로 사용하더라고요. 덕분에 잡기가 아주 쉽죠."

우리나라 돈으로 **약 192만 원을** 훔쳐서 **가발** 속에 숨긴 여자가 있어.

'디지털 포렌식'은 노트북, 휴대 전화, 인터넷 등에 남아 있는 정보를 분석해 범죄 단서를 찾는 과학 수사 기법이야.

분실물 찾으러 오세요

미국 텍사스주 율레스

"**이**만하면 됐어."
한 편의점에서 도둑질을 마친 도둑이 자기의 모든 흔적을 없애고는 절대로 들키지 않을 거라고 만족하며 돌아왔어. 하지만 가장 중요한 한 가지! 신분증이 들어 있는 지갑을 놓고 왔지 뭐야. 경찰은 도둑이 놓고 간 지갑에서 이름과 주소를 알아냈어. 그리고 도둑에게 연락해 경찰서 분실물 보관소에서 지갑을 찾아가라고 했지. 어리석은 도둑은 자기를 잡으려는 덫인 줄도 모르고 지갑을 찾으러 경찰서로 향했단다. 그리고 곧바로 체포되었지.

> 전 세계 **죄수**의 **4분의 1**이 **미국**에 있대. 그 수는 무려 **약 210만 명!**

경찰청 유실물 종합관리시스템 홈페이지(www.lost112.go.kr)에서 잃어버린 물건을 신고하거나 찾아볼 수 있어.

미국은 주마다 자동차 번호판이 달라. 또 우리나라와 달리 원하는 문구나 숫자를 넣어 나만의 번호판을 만들어서

원한다면 찾아 주지
미국 네브래스카주 로렐

은행을 털려다 실패한 강도가 특이한 자동차 번호판 때문에 2시간도 채 안 되어 붙잡혔어. 범인의 자동차 번호판에 쓰인 'FIND ME!(나를 찾아봐!)'라는 문구가 주변 사람들의 눈길을 끌었던 게 문제였지. 목격자가 알려 준 번호판 문구 덕분인지 경찰은 범인을 쉽게 체포할 수 있었단다. 자동차 번호판 문구를 정할 때 좀 더 신중했으면 좋았을 텐데 말이야.

목격자: 어떤 일을 눈으로 직접 본 사람.

> 역사상 가장 자주 도난당한 **미술 작품**은 한 손에 쏙 들어오는 **렘브란트**의 **초상화**야.

자기만의 개성을 뽐낼 수 있지. 단, 나만의 번호판을 달려면 추가로 돈을 내야 해.

파란 담요 뒤에 꼭꼭 숨어라
미국 루이지애나주 샬멧

어느 날, 외출했다가 집으로 돌아온 한 가족이 집 안의 물건들 몇 가지가 사라졌다는 걸 알게 됐어. 잃어버린 물건 중에는 반려견이 쓰던 파란색 담요도 있었지. 그런데 이웃집 창문에 그 파란색 담요가 떡하니 걸려 있는 게 아니겠어? 경찰은 바로 그 집을 구석구석 뒤졌고, 다행히 도둑맞은 옷과 가전제품 등을 모두 찾아냈단다. 파란색 담요는 훔친 물건들을 숨기려고 가림막으로 쓴 거였어. 훔친 물건을 숨기려고 다른 훔친 물건을 사용하다니…. 자기가 물건을 훔쳤다고 광고하는 모양이 됐지 뭐야.

> 1960~70년대 우리나라에서는 **짧은 치마**를 입다 걸리면 **10만 원 이하**의 벌금을 냈어.

범죄가 일어나고 일정 기간이 지나면 범죄를 저지른 사람을 처벌해 달라고 할 수 없어. 이 기간을 공소 시효라고

하지. 죄에 따라 그 기간이 다른데, 남의 물건을 훔치는 절도죄는 7년, 다른 사람을 죽인 살인죄는 25년이야.

'교도소'는 '바로잡고 옳은 길로 이끄는 곳'이라는 뜻이야. 실제로 죄수가 감옥에서 나왔을 때 일상생활에 잘

다 먹었어? 그럼… 튀어!

미국 루이지애나주 보시어 시티

값비싼 밥을 먹고는 돈을 내지 않고 도망쳤는데, 식당에 지갑을 두고 온 웃지 못할 사연을 들어 볼래? 실제로 멕시코 요리를 파는 한 음식점에서 일어난 일이야. 네 명의 젊은 여성이 맛있게 식사를 하고는 음식값을 내지 않고 줄행랑친 거지. 그런데 그중 한 명이 식당에 지갑을 두고 갔지 뭐야. 지갑에는 범인의 이름과 사진이 나온 운전면허증이 들어 있었어. 얼마 되지 않아 지갑 주인과 친구들이 잃어버린 지갑을 찾으러 왔을 때 식당에는 지갑 대신 경찰들이 기다리고 있었단다.

> 겉옷에 훔친 물건을 가득 쑤셔 넣은 도둑이 **울타리 틈새**로 **탈출하다가** 꽉 끼어 버렸어.

적응할 수 있도록 종교 활동 지원, 분노 조절 치료, 직업 훈련 및 체험 등 다양한 프로그램을 운영하고 있어.

산타를 흉내 내다가 큰코다친 도둑

미국 캘리포니아주 킹스비치

쿵! 새벽 3시 30분, 모두가 잠든 고요한 밤. 누군가 계속 벽을 두드렸어. 집주인의 신고를 받고 출동한 경찰이 집을 둘러보았지만 아무도 없었지. 경찰은 집을 떠났고, 다시 한 시간 뒤. 이번에는 '끄응' 하는 신음 소리가 들렸어. 바로 벽난로 속에서! 겁에 질린 주인은 다시 경찰서에 신고했어. 경찰관은 집을 더 샅샅이 둘러보았지. 그런데 굴뚝 안에서 웬 남자가 꽉 낀 채로 안간힘을 쓰고 있는 게 아니겠어? 굴뚝을 통해 몰래 집으로 들어오려다가 몸이 끼어서 무려 4시간 동안 갇혀 버린 거야. 이 도둑을 꺼내려고 소방관 20명이 출동했고, 굴뚝을 부순 뒤에야 도둑은 구조되었어. 재투성이가 된 도둑은 경찰차 대신 구급차를 타고 병원으로 옮겨졌단다.

> 자기 아내가 일하는 **은행**을 털려고 했던 남자가 있어. 남편을 본 아내가 뭐라고 말했게?
> **"집에나 가!"**

시시티브이(CCTV)는 주로 어떤 장소를 감시하기 위해 설치하여 영상을 전달하는 텔레비전이야.

경찰에게 걸려 온 협박 전화

미국 노스캐롤라이나주 링컨턴

따르릉! 전화벨이 울리고, 한 남자가 전화를 받았어. 전화를 건 사람은 물건을 훔쳐서 자기가 말하는 장소로 가져오라고 협박했지. 남자는 어떻게 하면 되는지 아주 자세하게 물어보았어. 그러고는 약속한 장소로 찾아갔어. 무섭지 않았을까? 전화를 건 사람이 해치면 어쩌려고! 두둥! 문이 활짝 열리고, 전화를 건 사람이 나타났어. 그리고 곧 그는 경찰서로 가야 했단다. 어떻게 된 일이냐고? 전화를 받은 남자가 바로 경찰이었던 거야. 범인을 체포한 경찰은 이렇게 말했어. "범죄자를 잡는 일, 이럴 땐 참 쉽죠!"

어떤 도둑은 에스엔에스(SNS)에 훔친 물건의 사진을 올렸다가 붙잡혔어.

보이스 피싱은 전화를 건 사람에게 거짓말을 하며 돈을 부치게 하거나 개인 정보를 빼내는 범죄 행위야.

에스엔에스(SNS): 소셜 네트워크 서비스. 인터넷 상에서 다른 사람과 정보를 공유하거나 소통할 수 있는 프로그램, 또는 서비스.

아주 기특한 오줌

미국 플로리다주 스튜어트

어느 날 경찰서로 현금, 보석, 무기 등을 훔친 범인이 있는 곳을 알려 주는 제보 전화가 왔어. 형사는 곧바로 그자가 묵고 있다는 호텔 방으로 갔지. 형사가 도착해 방을 살펴보려고 하자 방 주인은 도리어 마구 화를 냈어. 형사와 방 주인은 한참 실랑이를 했단다. 그러다 갑자기 형사는 오줌이 마려웠어. 급히 호텔 방 화장실로 달려가 시원하게 볼일을 본 뒤 변기 물을 내리려는데… 어라? 물이 안 내려가는 게 아니겠어? 이를 수상하게 생각한 형사는 변기 뚜껑을 열어 보았고, 그곳에서 훔친 물건들을 찾을 수 있었단다. 형사는 이제 화장실에 갈 때마다 동료에게 이런 말을 듣는대.
"이봐, 화장실 가지? 이번에도 돈이랑 보석 좀 찾아와!"

형사: 사람을 죽이거나 때리는 등 강력 범죄를 수사하는 경찰. 범인에게 경찰이라는 걸 들키지 않기 위해 일반 경찰과 달리 자유로운 복장으로 일한다.

> 스위스의 아파트에서는 밤 10시 이후에 **변기 물을 내리는 건** 불법이야. 으앗, 한밤중에 배탈이 나면 어쩌지?

밤에 문이 잠겨 있는 건물의 문을 따고 들어가거나, 칼이나 송곳 같은 흉기를 들었거나, 둘 이상이 모여 다른

사람의 물건을 훔치는 범죄를 '특수 절도'라고 해. 친구랑 충동적으로 문구점에서 물건을 훔쳐도 특수 절도가 되지.

길에서 주운 신용 카드를 가지고 있는 것만으로도 범죄가 돼. 게다가 그 카드를 사용하면 감옥에 가거나 5000만 원

다시 만난 신용 카드

미국 아이오와주 디모인

"**이** 걸로 계산해 주세요."
실컷 쇼핑을 즐긴 세 명의 고객이 점원에게 당당하게 신용 카드를 내밀었어. 카드를 받은 점원은 이상한 느낌이 들었어. 계산을 하려고 잠깐 그 카드를 보았는데 글쎄, 자기가 며칠 전에 잃어버린 카드였던 거야. 점원은 은밀히 사장에게 사실을 알렸고, 사장이 경찰을 불러 사건은 해결됐지. 하마터면 자기가 다 계산할 뻔했지 뭐야!

> 미국 테네시주에 **스컹크**를 들여오는 건 **불법이야.**

이하의 벌금을 낼 수 있지. 누군가 잃어버린 물건을 발견했다면 그대로 두거나 경찰서에 가져다주어야겠지?

제 차를 찾아 주세요!

미국 메릴랜드주 볼티모어

와! 어쩜 이렇게 뻔뻔할 수 있을까? 자동차를 훔친 것도 모자라 자기 차라고 우기기까지. 무슨 사연인지 잘 봐. 보통 사람들은 자기 차가 없어지면 경찰서에 신고해. 그런데 이 남자는 자기가 '훔친 차'를 도둑맞았다고 신고했어. 훔친 차를 또 훔쳐 간 사람이 누구였냐고? 바로 차의 원래 주인이었어. 도둑맞은 자기 차를 보고는 바로 견인차를 부른 거야. 도둑은 차 안에 자기의 지갑이 있으니 차도 자기 것이라면서 우겼어. 하지만 진짜 차 주인이 누구인지는 경찰이 더 잘 알 거야. 결국 도둑은 지갑만 돌려받고 바로 체포되었어.

견인차: 고장 났거나 불법으로 주차한 차를 옮기는 차.

영국 스코틀랜드의 한 가게에서 **과자 봉지**를 계속 낚아채 가는 **갈매기**는 도둑이라고 봐야 할까? 아닐까?

소설 속 주인공 셜록 홈스나 만화 주인공 코난은 모두 사설탐정이야. 개인이나 회사로부터 돈을 받고 사건을

조사하는 사람이지. 우리나라도 2020년부터 사설탐정이 법으로 인정되어 탐정 활동을 할 수 있게 됐어.

더 열심히 칠할 걸 그랬어!
미국 뉴멕시코주 앨버커키

어떤 남자가 훔친 트럭을 몰고 출소하는 친구를 데리러 갔어. 훔친 트럭이라는 걸 숨기려고 주차장에서 페인트칠도 했지. 그런데 페인트칠이 너무 엉성했나 봐. 지나가던 사람이 도난당한 자기 친구의 트럭이라는 걸 알아챌 정도였으니까. 그 사람은 바로 경찰에 신고했어. 경찰은 바로 트럭의 번호판을 조회했고, 도난된 트럭이라는 걸 확인하자마자 남자를 재빨리 붙잡았단다.

출소: 교도소에서 벌을 다 받고 나옴.

한 강도가 얼굴을 가리려고 **테이프**를 덕지덕지 붙였어. 그런데 **땀**이 너무 많이 나서 테이프가 전부 떨어져 나갔대.

파출소와 지구대는 동네에 있는 작은 경찰서야. 파출소보다 지구대가 더 넓은 영역을 관리해.

앞을 잘 봤어야죠!
영국 잉글랜드 글로스터

빙글빙글 별이 보였으려나? 한 남자가 정신을 잃고 길에 쓰러졌어. 이 남자는 조금 전에 남의 지갑을 훔쳐 달아나던 중이었지. 그러다가 그만 앞을 보지 못하고 쾅 부딪힌 거야. 지끈지끈한 머리를 붙잡고 깨어났을 때는 병원이었고, 경찰관 두 명이 그를 내려다보고 있었지. 친절한 경찰관들은 도둑이 치료를 다 받을 때까지 기다렸다가 그를 데려갔단다. 도둑은 아마 앞을 잘 보고 도망칠걸 하고 후회하고 있지 않을까? 도둑질한 걸 후회해야 할 텐데 말이야.

스웨덴인인 밥 아르노는 **세상에서 가장 손이 빠른 소매치기**로 유명해.

다른 사람의 몸이나 가방에서 슬쩍 물건을 훔치는 걸 소매치기라고 해. 거리에 CCTV가 많아지고, 현금을 지니고

다니는 사람이 줄면서 소매치기도 줄어들고 있지. 하지만 관광객이 많은 나라에서는 아직도 소매치기가 흔하대.

우리나라는 보통 출소한 범죄자들에게 두부를 줘. 새하얀 두부처럼 깨끗하게 살라는 의미, 감옥에서 지내면서

쓰레기로 남긴 흔적
미국 메릴랜드주 패서디나

도둑 네 명이 주유소 편의점에 들어가 초콜릿과 감자칩 등 온갖 과자를 훔쳐 나왔어. 그들은 훔친 과자를 우적우적 먹고 길에 봉지들을 휙휙 버렸지. 동화 『헨젤과 그레텔』처럼 쓰레기로 흔적을 남긴 거야. 덕분에 경찰은 냄새를 추적하는 경찰견과 함께 도둑들을 곧장 따라갔단다. 길에 쓰레기를 버리는 건 환경에 해롭지만, 이번 사건에서는 경찰이 편의점 털이범을 잡을 수 있게 도와준 셈이지.

미국 연방 수사국, 에프비아이(FBI)의 **수배자 명단**에 올랐던 **여성**은 역사상 단 **10명**뿐이야.

바닥난 체력을 영양가가 높은 두부로 보충하라는 의미 등 여러 가지 이유가 있대.

수배자: 일반 사람 혹은 전국 수사 기관에 정보가 알려진 범죄자.

편의점에 두고 온 지갑

미국 플로리다주 웨스트팜비치

한 강도가 **은행을 털고 난 뒤 시내버스를 타고 도망쳤어.** 금방 잡혔겠지?

평소에 물건을 잘 잃어버리는 사람이 있지. 하지만 그게 강도라면? 편의점을 털다 지갑을 잃어버린 한 강도가 바로 이 이야기의 주인공이야. 강도는 편의점에서 돈을 훔치려고 시시콜콜한 이야기를 하면서 점원의 주의를 흩뜨렸어. 그러면서 무심코 자기 지갑도 계산대 위에 올려 두었지. 잠시 뒤 강도는 본색을 드러내며 점원에게 돈을 내놓으라고 협박하고는 훔쳐 달아났단다. 지갑은 계산대 위에 올려 둔 채로 말이야. 지갑 안에는 강도의 이름과 주소, 사진까지 드러난 신분증이 들어 있었어. 덕분에 경찰은 쉽게 강도를 잡을 수 있었단다.

예전엔 '길고양이'를 '도둑고양이'라고 불렀어. 길을 떠돌며 음식을 훔쳐 먹는다고 해서 붙여졌지. 지금은 쓰지 않아.

수갑은 범인의 움직임이 자유롭지 못하도록 양쪽 손목에 채우는 기구야. 고대 이집트 시대부터 있었지만, 오늘날

왼쪽? 오른쪽? 어디로 가지?

뉴질랜드 호크스베이 헤이스팅스

각각 한쪽 팔씩 수갑을 찬 두 명의 범죄자가 경찰의 눈을 피해 탈출에 성공했어! 둘은 수갑을 찬 채로 신나게 달아나고 있었지. 그런데 도망치던 중 가로등이 나오자 한 사람은 가로등의 오른쪽으로, 다른 한 사람은 왼쪽으로 달렸어. 둘은 어떻게 됐을까? 가로등에 수갑이 걸리는 바람에 서로 머리를 쿵 부딪히고 쓰러졌지 뭐야. 아마 도망치다 가로등이 나오면 어느 방향으로 달릴지 약속할 시간까지는 없었나 봐.

> 10억 달러짜리 **위조지폐 250장**을 만든 범인이 붙잡힌 적 있어. 10억 달러 지폐는 애초에 없거든.

볼 수 있는 모양은 1862년 미국에서 등장했지. 수갑을 채울 땐 열쇠가 없어도 되지만 풀 때는 꼭 필요해.

10억 달러=약 1조 원

꽉 막힌 도주로

미국 텍사스주 덴턴

빛이 한 줄기도 들어오지 않는 터널에 갇혔다면 어떤 기분일까? 제아무리 간 큰 범죄자라도 정말 무섭겠지? 어느 날 경찰은 집에 낯선 사람이 침입했다는 신고를 받고 출동했어. 경찰을 본 범인은 곧장 창밖으로 뛰어내려 도망쳤지. 경찰과 범인은 숨 가쁜 추격전을 벌였어. 그런데 갑자기 범인이 눈앞에 보이는 배수관 속으로 들어가 버리는 게 아니겠어? 지름이 60센티미터 정도밖에 안 돼서 테니스 라켓도 세워 넣기 어려운 관 속으로 말이야. 결국 범인은 배수관 안에 꽉 끼어 10시간을 보낸 뒤, 땅을 파헤치는 대공사를 하고 나서야 구조될 수 있었단다.

배수관: 물을 여러 갈래로 나누어 보내는 관.

> 독일의 어떤 정치인이 시청에서 **두루마리 화장지**를 **200개** 넘게 훔쳤다고 해.

1911년, 프랑스 루브르 박물관에서 레오나르도 다빈치의 「모나리자」 그림이 사라졌어. 경찰은 도둑을 잡으려고

해외로 나가는 사람까지 전부 검사했지. 작품은 2년 3개월 뒤에 이탈리아에서 발견되었단다.

지명 수배 포스터란 체포하려는 범죄자를 일반 사람들에게 알리기 위해 만든 포스터야. 범죄자의 사진 혹은 몽타주와

스스로 찾아온 지명 수배자

미국 미시간주 프룻포트

미국에는 한 사람이 종이에 어떤 물건이나 상황들을 쭉 나열해서 적으면 다른 사람이 그것들을 찾아내거나 사진 찍는 '물건 찾기 게임'이 있어. 이 사건의 주인공도 열심히 그 게임을 즐기고 있었단다. 남자가 찾아야 하는 건 경찰관 두 명이 도넛을 먹고 있는 사진이었어. 그는 경찰서로 들어가 도넛을 내밀며 포즈를 취해 달라고 부탁했어. 경찰관은 흔쾌히 포즈를 취해 주었지. 그런데 경찰관 중 한 명이 남자를 어디서 본 것 같았어. 바로 지명 수배 포스터에서! 경찰은 남자를 체포했고, 남자가 즐기던 게임도 그렇게 끝이 났단다.

> 미국 버지니아주의 한 10대 청소년이 **젖소 옷**을 입고 **음매하고 울면서** **우유** 약 100리터를 훔쳤어.

저지른 범죄에 대한 정보가 담겨 있지. 요즘은 포스터를 붙이는 대신 '스마트 국민제보' 사이트에 게시하고 있어.

앗, 어디에 돈을 담지?
미국 미시간주 뉴허드슨

"**이**러면 내가 누군지 모르겠지?"
한 남자가 은행을 털려고 철저히 변장하고 은행에 들어갔어. 그리고 창구 직원에게 다가가 '어떻게 해야 하는지 알지?'라고 적힌 쪽지를 내밀었지. 직원은 벌벌 떨며 남자에게 돈을 어디에 담으면 되는지 물었어. 앗, 그런데 이걸 어쩌지? 남자는 변장에만 너무 신경을 썼는지 정작 중요한 돈 가방을 챙기지 않은 거야. 결국 남자는 자기 실수가 너무 당황스러웠던 나머지 아무 말 없이 빈손으로 은행을 뛰쳐나갔단다.

> 하와이에서는 **횡단보도에서 휴대 전화를 보며 걷는 게** 불법이야. 단, 응급 상황만 빼고!

윌리엄 키드는 실제로 보물을 땅에 묻어 놓은 걸로 유명한 영국의 해적이야. 우리나라 돈으로 약 8억 원을 땅에

고대 로마에서는 범죄자들을 검투사로 쓰기도 했어. 검투사는 사람끼리 또는 사람과 사나운 짐승이 벌이는

차창 밖으로 돈이 후두둑!

미국 앨라배마주 시더블러프

완전 범죄를 꿈꾸며 은행을 턴 네 명의 강도들이 한 가지 큰 실수를 저지르고 말았어. 도망가는 동안 자동차 창문을 열어 두는 바람에 훔친 돈들이 차창 밖으로 후두둑 날아가 버린 거야. 그리고 때마침 경찰관들이 이 광경을 목격했지. 엎친 데 덮친 격으로 강도들은 충돌 사고를 냈고, 경찰관은 그들을 모두 붙잡을 수 있었단다. 다행히 훔친 돈도 전부 되찾았어. 이제 감옥에 갇힌 강도들은 차창 밖으로 날아간 돈처럼 감옥을 탈출하고 싶지 않을까?

완전 범죄: 범인이 증거가 될 만한 것들을 전혀 남기지 않아 자신의 범죄 행위를 완전히 숨기는 것.

미국 위스콘신주의 선 프레리 마을에서는 **핸들에서 손을 떼고** 자전거를 타는 게 불법이야.

전투에 나가. 검투사가 된 범죄자는 관중이 가득 찬 경기장에서 싸우다 죽는 경우가 많았대.

누군가 널 지켜보고 있다!
미국 텍사스주 노스리칠랜드힐스

유명해지는 방법도 여러 가지야. 어떤 간 큰 형제가 가게에 침입해 약 1000만 원어치의 장비를 훔치고 유유히 사라졌어. 그곳엔 무려 13대의 카메라가 가게를 지켜보고 있었지. 심지어 '촬영 중입니다!'라고 쓴 표지판도 걸려 있었단다. 해당 지역의 텔레비전 방송국에서는 도둑 형제의 영상을 방송으로 내보냈어. 방송을 본 시청자의 제보로 도둑 형제의 정체는 곧 탄로 나고 말았지. 유명해지고 싶었던 걸까? 그게 아니라면 더 조심해야 했을 텐데 말이야.

> 역사상 **가장 큰 은행 강도 사건**은 이라크에서 일어났어. 약 **1조 원**이나 도난당했대.

찍히는 사람의 허락 없이 그 사람을 촬영하는 건 범죄야. 특히 촬영한 사진이나 영상을 인터넷에 퍼뜨리는 건

더 큰 범죄지. 우리나라뿐만 아니라 세계 여러 나라에서도 '몰래 카메라' 범죄를 엄격하게 처벌하고 있단다.

'사이코패스'는 '반사회적 인격 장애'의 다른 말이야. 다른 사람의 마음에 공감하지 못하고, 쉽게 공격적인 모습을

기름투성이 손가락 때문에…
미국 버지니아주 린치버그

음식을 먹고 나면 곧바로 치우는 게 좋아. 이 도둑처럼 나중에 후회하지 않으려면 말이야. 빈집을 털다가 배가 고파진 도둑은 냉장고에서 프라이드치킨 한 조각과 오렌지 주스를 꺼내 먹었어. 이때 프라이드치킨 기름이 잔뜩 묻은 손가락으로 주스 병을 잡는 바람에 덜미를 잡히고 말았단다. 현장을 조사하던 경찰은 주스 병에 묻은 지문으로 도둑을 잡고 이렇게 말했어.
"덕분에 일이 정말 쉬웠습니다."
도둑은 분명 먹고 난 것을 바로 치우지 않은 걸 후회했을 거야.

2000년에는 해적이 **469번**이나 **다른 배들을 공격했어.** 지금까지 최다 기록이래.

보이며, 다른 사람에게 해를 끼치는 등의 행동을 하지. 하지만 이들이 모두 범죄자가 되는 건 아니란다.

도둑 잡은 멧돼지 무리

독일 슐레스비히홀슈타인주 쇤베르크

부우웅. 경찰과 두 명의 도둑이 숨 가쁜 추격전을 벌이고 있었어. 도둑들이 타고 있던 자동차가 훔친 차였거든. 그런데 이를 어째! 도망치던 도둑들은 울창한 숲에 길이 막혀 버렸어. 결국 차에서 내려 냅다 달렸지. 둘 중 한 명은 경찰에 금방 붙잡히고 말았어. 그런데 나머지 한 명은 도망치다가 사납게 생긴 멧돼지 무리와 맞닥뜨렸지 뭐야. 멧돼지들이 이빨을 드러내며 둘러싸자 도둑은 젖 먹던 힘을 내 소리쳤어. "살려 주세요!"

간절한 외침을 들은 경찰관은 총으로 멧돼지를 위협하며 쫓아 주었단다. 그리고 멧돼지가 도둑을 몰았던 것처럼 도둑을 감옥으로 몰아넣었어.

만우절 날 미국의 한 쇼핑센터에서 장난으로 **화장실 변기에 접착제**를 바른 사람이 있어.

과학 수사대는 사건 현장에 들어가기 전에 방호복, 마스크, 장갑, 덧신 등 특별한 차림을 해. 과학 수사대의 몸을

방호복: 몸이나 옷이 약품 등에 오염되는 것을 막기 위해 덧입는 특수한 옷.

보호하고, 과학 수사대의 몸에서 나온 침, 땀, 머리카락 같은 것으로 사건 현장을 오염시키지 않기 위해서야.

스위스에서는 개인의 재산에 따라 벌금이 달라져. 스위스의 한 백만장자는 고급 스포츠카를 타고 과속하다

검색하면 금방 나올 줄 알았지

미국 델라웨어주 윌밍턴

어떤 남자가 식당의 금고를 털려고 몰래 숨어들었어. 남자는 천장에서 숨을 죽인 채 식당 문이 닫히기만을 기다렸지. 마침내 문이 닫히고, 천장에서 내려와 금고를 열려는 순간! 맙소사, 금고 여는 방법을 모르겠는 거야! 남자는 식당에 있는 컴퓨터에서 '금고 부수는 법'을 검색했어. 과연 성공했을까? 아니! 남자는 검색하느라 시간을 보내는 동안 식당 매니저들에게 걸려 붙잡히고 말았단다. 남자는 이제 기회가 된다면 '감옥에서 시간을 보내는 법'을 검색하지 않을까?

> 역사상 가장 **나이 많은** 은행 강도는 **92살**이야.

약 3억 4500만 원의 벌금을 냈지. 우리나라에서는 과속에 대한 벌금이 재산에 상관없이 최대 13만 원이야.

죄수복이 너무 좋아서…

미국 캘리포니아주 엘크그로브

감옥에서 입었던 죄수복을 너무 좋아하던 남자가 있었어. 그는 감옥을 나오는 날 죄수복 위에 자기 옷을 입어 감쪽같이 숨겨 나왔지. 그런데 이 일로 다시 감옥에 갇히는 신세가 되었단다. 죄수복을 입고 당당하게 동네를 돌아다니다가 감옥에서 도망친 탈주범이라고 오해한 주민이 경찰에 신고해 버렸거든. 남자는 다시 감옥에 간 뒤에도 여전히 죄수복을 좋아했을까?

죄수복: 감옥에서 죄수가 입는 옷.
탈주범: 감옥에서 빠져나와 달아난 범죄자.

미국 와이오밍주 샤이엔에서 개를 **네 마리 이상** 기르는 건 불법이야.

우리나라 죄수복의 명찰 색깔을 보면 옷의 주인이 저지른 범죄의 종류나 벌을 받는 기간을 알 수 있어. 하얀색은

일반 범죄, 파란색은 마약 범죄, 노란색은 사회에 큰 충격을 준 강력 범죄, 빨간색은 사형수를 뜻하지.

스미싱(Smishing)은 문자 메시지(SMS)와 피싱(Phishing)을 합친 말로, 범죄자가 휴대 전화 주인의 은행 계좌에서

에이요! 랩으로 한 자백

미국 조지아주 더블린

절대 범죄를 일으키지 않았다면서 정작 노래로는 딴소리를 한 사람이 있어. 그는 자기가 저지른 범죄를 랩 가사로 만들어 불렀는데, 심지어 피해자의 이름까지 넣었지. 결국 자기가 지은 노래에 덜미가 잡혀 체포되었고, 검사는 그를 고발하면서 이렇게 말했어.
"노래로 자기 죄를 아주 거들먹거리더군요. 하지만 분명한 건 그 노래가 죄를 저지른 당신 편이 되어 주지 않았다는 겁니다."
이제 범인은 감옥에서 어떤 노래를 부르고 있을까?

검사: 범죄 사건을 수사하고, 관련 증거를 모아서 범죄 의심을 받는 사람을 재판에 세우는 사람.

범죄자를 목격자나 피해자에게 확인하기 위해 찍는 사진인 **머그샷**은 '얼굴'을 가리키는 18세기 영국 속어 **'머그'**에서 유래되었어.

돈을 빼내거나 몰래 결제하기 위해 문자 메시지를 보내서 휴대 전화에 접근하는 범죄야.

팬티 바람의 창피한 탈출
미국 캔자스주 위치토

도둑이 들었다고 신고가 들어온 건물에 경찰이 도착했어. 그리고 의심스러운 구멍이 뚫린 뒷문을 발견했지. 경찰은 도둑이 여전히 건물 안에 있다는 걸 눈치채고는 그 앞을 지키고 있었어. 역시나 잠시 뒤 구멍에서 사라진 물건들이 휙휙 날아오더니 엉금엉금 도둑이 기어 나오는 게 아니겠어? 그런데 도둑이 기어 나오던 중에 문제가 생기고 말았어. 바지가 그만 못에 걸리고 만 거야. 도둑은 하는 수 없이 바지를 벗어 버려야 했지. 그 다음엔 어떻게 됐을까? 구멍 앞에서 기다리고 있던 경찰에게 바지가 벗겨진 채로 체포되었단다. 아휴, 창피해!

> 아쿠아리움에 사는 문어들은 가끔 도둑질을 해. **다른 동물의 간식을 훔쳐 먹으려고** 다른 수조로 들어가거든.

교도소에 갇힌 사람이 체포 당시 지니고 있었거나 아는 사람이 보내 준 돈을 '영치금'이라고 해. 이 돈으로 교도소

안에서 음식이나 필요한 물건들을 구입할 수 있지. 단, 영치금은 하루에 2만 원까지만 쓸 수 있어.

삐뚤빼뚤 글씨체 때문에…

미국 오리건주 힐스버러

은행털이범이 은행에 들어가 돈을 내놓으라는 글이 적힌 쪽지를 창구 직원에게 건넸어. 그런데 쪽지에 쓰인 글씨가 너무 지저분하고 맞춤법도 다 틀려서 창구 직원은 무슨 말인지 도저히 알아볼 수 없었어. 거의 낙서 수준이었지. 창구 직원이 쪽지 내용을 알아볼 수 없다고 말하자 은행털이범은 새 종이에 다시 쓰기 시작했어. 은행털이범이 글씨를 반듯하게 고쳐 쓰는 동안 직원은 무음 경보 버튼을 눌렀고, 다행히 경찰이 바로 출동했단다. 은행털이범이 글씨를 못 써서 얼마나 다행이었는지 몰라.

어떤 도둑은 **이집트 박물관** 기념품 가게에 있는 복제품들이 **실제 유물**인 줄 알고 훔쳐 갔어.

우리나라에서는 야구 경기 중에 선수가 스마트 워치 같은 전자 기기를 갖고 있으면 벌금을 내야 해.

계산… 아니, 도둑질할게요
미국 오하이오주 신시내티

어떤 남자가 패스트푸드점에서 음식값을 내는 척 지갑을 꺼내다 계산대의 돈을 훔쳤어. 그런데 그때 그만 지갑을 떨어뜨렸지 뭐야. 지갑에는 남자의 신분증이 들어 있었지. 어리석은 남자는 지갑을 잃어버린 줄도 모른 채 다음 식당으로 들어갔어. 하지만 마침 그곳에 두 명의 경찰이 있던 덕분에 도둑은 바로 붙잡혔단다. 경찰들은 이미 패스트푸드점에서 도둑이 떨어뜨린 지갑 속 신분증을 봐서 도둑의 얼굴을 알고 있었거든.

도넛 트럭을 훔친 두 명의 도둑과 경찰이 **약 24킬로미터**에 이르는 이르는 **추격전**을 벌였어. 서울에서 인천까지 쭉 달린 거야.

우리나라에서 가장 큰 교도소는 경북북부교도소야. 아주 심각한 범죄를 저지른 사람들이 많이 갇혀 있대.

우리나라에서는 범죄 신고는 112, 재난 신고는 119로 연락해야 해. 일본은 범죄 신고는 110, 재난 신고는 119로

잘못 건 전화 한 통에…
미국 테네시주 호킨스 카운티 로저스빌

"**따**르릉, 911 긴급 신고 전화입니다."
신고 전화를 받은 접수원이 수화기 너머로 들리는 소리를 듣고 자기 귀를 의심했어. 범죄를 계획하는 이야기가 오가고 있었거든. 전화기의 주인이 바지에 휴대 전화를 쑤셔 넣다가 우연히 911로 연결되었던 거지. 남자는 휴대 전화가 연결된 줄도 모른 채 친구에게 동네 가게를 털 계획을 신나게 전하고 있었어. 그날 밤, 남자와 친구가 계획대로 가게에서 훔친 냉장고를 끌고 나오는 순간, 경찰이 밖에서 그들을 기다리고 있었단다.

미국 뉴욕주에서는 **귀신 들린 집**이라는 걸 숨기지 않고 파는 건 불법이야. 근데 그걸 어떻게 알아내지? 덜덜덜.

연락하지. 한편 미국과 캐나다는 범죄 신고와 재난 신고 모두 911, 유럽 대부분의 나라들은 112를 사용해.

휴대 전화에 담긴 정보

미국 메릴랜드주 실버스프링

자기 집이 정전되자 빈집에 들어가 휴대 전화를 충전하고 귀중품을 훔친 도둑이 있었어. 그런데 갑자기 집주인이 돌아오는 바람에 도둑은 급히 창밖으로 뛰쳐나갔어! 충전하던 휴대 전화는 놓아둔 채로 말이야. 신고를 받고 도착한 경찰관들은 도둑의 휴대 전화에 남겨진 '자주 거는 전화번호' 중 하나에 전화를 걸었어. 그러고는 교묘하게 질문을 던져 도둑의 이름과 주소를 알아냈지. 또 휴대 전화를 추가로 조사하여 도둑이 그날뿐만 아니라 50번 넘게 남의 집을 털었다는 사실도 알아냈단다. 휴대 전화에는 나에 대해 아주 많은 정보가 담겨 있으니 잃어버리지 않게 항상 조심해!

정전: 전기가 끊어짐.

미국 플로리다주에서는 **악어가 개구멍으로** 집 안에 들어온 적이 있다고 해. 꽥!

판매원 없이 물건값을 낼 수 있는 시스템을 갖춘 무인점포가 늘어나고 있어. 안타깝게도 그만큼 물건을 몰래

훔쳐 가거나 가게에 몰래 들어와 잠을 자는 등의 범죄도 함께 늘어나고 있지.

마약은 통증을 없애 주지만, 중독성이 있고 많이 사용하면 몸에 무척 해로워. 우리나라에서는 법으로 개인이

으아악, 완두콩 더미가 와르르!
뉴질랜드 애슈버턴시

장난기 가득한 세 소년이 있었어. 어느 날 소년들은 재미난 일을 찾다가 가까운 부두에 있는 컨테이너에 들어가 보기로 했어. 수백 개의 컨테이너 중에서 목표물을 고르고, 마침내 자물쇠를 부숴 문을 활짝 연 순간!
"으악!"
바싹 말린 완두콩들이 산사태처럼 와르르 쏟아지고 말았지. 그 바람에 한 소년이 턱밑까지 완두콩에 파묻혔어. 결국 구조 대원과 지게차가 소년을 구조해 주었고, 사고뭉치 소년들 모두 경찰서로 향해야 했단다. 어쩌면 이들은 평생 완두콩을 싫어하게 되었을 것 같아.

부두: 배를 대어 사람과 짐이 땅으로 오르내릴 수 있도록 만들어 놓은 곳.

어떤 피자 가게 주인이 경쟁 가게 화장실에 **생쥐를 숨겨 놓았다가** 체포되었어.

마약을 사용하는 걸 금지하고 있지. 마약을 불법으로 사용한 사람을 잡아내기 위해 오줌이나 머리카락을 검사한단다.

도둑질에도 줄 서기는 중요해!

미국 매사추세츠주 보스턴

초보 은행 강도가 흰 장갑을 끼고 얼굴에 스카프를 두른 채 줄을 서서 기다리고 있었어. 창구 직원에게 거액을 내놓으라는 협박 쪽지를 건네려고 했거든. 그런데 그 모습이 너무나 수상쩍어서 오히려 다른 사람의 시선을 끌었지 뭐야. 경찰관도 의심스러워서 강도 뒤로 조용히 다가갔지. 하지만 강도는 강도 짓에 너무 몰두한 나머지 자기 뒤에 경찰관이 있는지 눈치 채지 못했어. 덕분에 창구 직원이 강도에게 돈을 건네는 순간, 경찰은 강도를 체포할 수 있었단다. 줄 서기가 질서를 유지하는 일 이상의 가치가 있는 사건이었어.

영국의 한 남자가 운전 중에 **머리를 빗다가 걸려서** 우리 돈 약 5만 원의 **벌금을 냈어.**

사건 현장을 조사할 때에는 '루미놀 용액'을 사용해. 루미놀 용액이 혈액 속의 헤모글로빈과 만나면 이미 닦아 낸

소설이나 음악, 미술, 영상 등 저작물을 만든 사람이 갖는 권리를 '저작권'이라고 해. 만든 사람의 허락 없이

야, 제발 그만 내려가!
미국 미시간주 펀데일

"**거**기 서!"
경찰이 디브이디(DVD)를 훔친 도둑을 뒤쫓고 있었어. 그런데 갑자기 도둑의 헐렁한 바지가 주르륵 흘러내리는 게 아니겠어? 도둑은 바지에 걸려 넘어지고 말았지. 그래도 도둑은 도망치는 걸 포기하지 않았어. 바지를 훌렁 벗어 던지더니 속옷만 입고 뛰기 시작한 거야. 하지만 얼마 못 가고 곧 체포되었단다. 쯧쯧, 벨트를 했다면 좀 더 멀리 도망갈 수 있었을 텐데 말이야.

디브이디(DVD): 영상과 소리를 저장하는 시디(CD) 크기의 물건.

캐나다의 한 도둑이 범죄를 저지르기 전에 **현금 자동 지급기**가 있는 편의점에 전화해서 **돈**이 얼마나 들어 있는지 확인했다지 뭐야!

저작물을 이용하거나 다른 사람과 나누는 건 불법이지. 이런 행동을 '저작권 침해'라고 한단다.

당신, 활짝 웃어 보세요!

미국 캘리포니아주 새크라멘토

벨기에 경찰이 범죄 현장에 있던 **냄새 나는 양말**에서 **디엔에이**를 분석해 도둑을 잡았어.

틀니 때문에 덜미가 잡힌 도둑이 있어. 도둑은 훔친 트럭을 타고 달아나다가 다른 차를 두 대나 들이받고는 트럭에서 내려 도망쳤지. 그런데 이런! 사고가 날 때 충격으로 위쪽 틀니가 트럭 바닥에 떨어졌지 뭐야. 덕분에 경찰은 앞니가 시원하게 뚫린 남자를 찾아 수사를 해 나갔단다. 결국 도둑은 덜미가 잡혔지. 경찰에 붙잡힌 건 속상하지만, 그래도 도둑은 그날 밥을 꼭꼭 씹어 먹을 수 있었겠지?

틀니: 인공적으로 만들어서 잇몸에 끼웠다 뺐다 하는 이.

디엔에이(DNA)는 우리의 모습을 결정하는 유전 물질이야. 우리 몸에 30억 쌍이나 있고, 사건 현장에서 발견되는

머리카락, 침, 혈액 등에도 들어 있지. 사람마다 다르게 구성되어서 개개인을 구별하는 데 중요한 자료가 된단다.

잠깐 눈을 붙였을 뿐인데…
오스트레일리아 홀든힐

드르렁드르렁, 웬 남자가 세차장에서 차를 세우고 곤히 잠들어 있었어. 자동차의 와이퍼가 빠르게 움직이고, 전조등도 환하게 켜 둔 채로 말이야. 세차장에 온 다른 손님이 이 모습을 수상쩍게 여겨 직원에게 알렸지. 알고 보니 남자는 한밤중에 차를 훔치고 달아났다가 너무 졸린 나머지 세차장에 차를 대고 잠이 든 거였어. 신고를 받은 경찰이 도착한 뒤에도 남자는 계속 쿨쿨 잠을 자고 있었단다.

와이퍼: 자동차 앞 유리창에 들이치는 빗방울 등을 좌우로 움직이면서 닦아 내는 장치.
전조등: 자동차 앞쪽에 단 등. 어두운 곳에서 앞을 비출 때 쓴다.

영국의 71세 할머니가 가게에서 보석을 훔치려던 5명의 도둑을 **핸드백으로 때려서** 막았어.

우리나라에서 2015년부터 2019년까지 5년 동안 면허 없이 운전한 10대 청소년들이 무려 3300건이 넘는

교통사고를 냈어. 1년 평균 600건 넘게 발생하고 있지. 이런 교통사고 때문에 91명이 죽고 4800여 명이 다쳤다고 해.

사람이 죽은 사건 사고 현장에는 곤충이 모여드는데 이때 발견된 곤충의 종류와 성장 상태에 따라 사람이 언제

이상한 소리의 정체
영국 랭커셔주 번리

"**집**에서 이상한 소리가 들려요."
어느 날 아침, 한 여자가 이상한 소리를 듣고 잠에서 깼어. 여자는 두려움에 떨며 경찰에 신고했지. 바로 출동해 집 안을 둘러본 경찰은 소리의 주인공이 소파에서 잠든 도둑이라는 걸 알아차렸어. 전날 밤에 몰래 들어와 보석을 훔쳐 주머니에 가득 넣고는 소파에서 잠들어 버린 거야. 잠에서 깬 도둑이 눈앞에 있는 경찰을 보았을 때 아마 악몽을 꾸고 있다고 생각했겠지? 시도 때도 없이 졸다가는 큰코다친다고!

> 그리스의 **초대형 유조선**을 훔친 해적들은 배를 돌려주는 대가로 **약 107억 원**을 요구했어.

죽었는지 알아낼 수 있어. 곤충을 이용해 범죄 사건을 수사하는 사람을 '법 곤충학자'라고 한단다.

유조선: 석유를 운반하는 배.

들통나 버린 가짜 서류

미국 인디애나주 블루밍턴

감옥에서 지내던 한 남자가 보석금을 내고 밖으로 나가고 싶었어. 남자가 내야 하는 돈은 무려 1억 원! 아득한 나머지 남자는 꾀를 냈단다. 보석금 60만 원을 내면 나갈 수 있다는 '가짜 문서'를 만들기로 한 거야. 남자는 신이 나서 친구에게 가짜 문서를 보내 달라고 부탁했어. 하지만 그 문서는 곧 들통나 버렸어. 뭐가 문제였냐고? 문서에 감옥 주소를 틀리게 썼거든. 남자가 꾸민 짓이 드러나자 담당자들은 남자가 감옥을 빠져나갈 수 있는 보석금을 30억 원으로 올려 버렸단다.

보석금: 보석 보증금의 줄임말로, 범죄자를 감옥에서 풀어 주는 대신 받는 돈.

> 뉴질랜드의 어떤 도둑은 자기가 턴 집을 몰래 다시 찾아가 **사과 편지**와 집주인의 신용 카드로 산 **물건들을** 가져다 두었대.

문서의 글자나 도장의 모양, 종이의 상태 등을 분석해서 문서가 진짜인지를 밝혀내는 걸 '문서 감정'이라고 해.

최근 10년간 범죄률 일으킨 사람 100명 중 4명은 18세 이하 청소년이야. 이들이 저지른 범죄 중에는 다른

어서 오세요! 감옥입니다

미국 뉴욕주 오시닝

제발로 감옥으로 들어간 도둑의 사연을 들려줄까? 이 도둑은 수차례 도둑질을 일삼아 경찰에 쫓기는 신세가 되었어. 쫓고 쫓기는 추격전 끝에 도둑은 어느 담벼락에 이르렀지. 다급했던 도둑은 눈앞의 담벼락을 훌쩍 뛰어넘었어. 그런데 어쩌면 좋아? 도둑이 넘은 그 벽이 바로 감옥의 담장이었던 거야. 아마 도둑은 자기가 가야 할 곳이 어디인지 본능적으로 알고 있었나 봐.

> 미국 앨라배마주 모빌에서는 **사람이 걷는 길**에 **바나나 껍질**을 버리는 게 불법이래.

사람의 재산에 피해를 입힌 경우가 가장 많지. 그런데 살인 같은 강력 범죄의 비율이 점점 늘어 문제가 되고 있어.

팬티를 뒤집어쓴 도둑
미국 유타주 솔트레이크시티

"도둑이야!"

골프장 상점에 도둑이 나타났어. 도둑은 머리에 팬티를 뒤집어쓰고 있었지. 얼굴을 가리려고 팬티를 사용한 거야. 당연히 도둑은 금세 직원에게 들키고 말았고 문밖으로 줄행랑쳤단다. 하지만 근처에서 골프 카트를 타고 있던 남자 두 명이 도움을 요청하는 직원의 비명을 듣고 도둑을 추격했어. 용감한 두 남자는 도둑을 쓰러뜨리고 경찰이 올 때까지 붙잡아 두었지. 잘못 입은 팬티는 진작 벗겨 주었겠지?

골프 카트: 골프장 안을 이동하기 위해 타는 전기차.

이탈리아 베네치아에서는 **손으로 비둘기에게 모이를** 주는 게 불법이야.

우리나라는 1935년에 처음으로 재난 신고 전화번호 119가 도입되었어. 범죄 신고 112는 1957년에 도입되었지.

다 지워서 안 보일 줄 알았는데…
미국 콜로라도주 엥글우드

은행 강도가 '지금 서랍에 있는 돈 몽땅 내놔!'라고 적힌 쪽지를 창구 직원에게 건넸어. 그러고는 현금을 받아 주머니에 가득 채워 넣었지. 그런데 한 가지 문제가 있었어. 그가 남긴 쪽지가 원래 수표였다는 거야. 수표에 적힌 개인 정보란은 검은색으로 칠해져 있었지. 하지만 경찰들이 가려진 글자를 읽어 내는 데에는 어려움이 없었단다. 저런, 이제 강도는 어떻게 됐을까?

수표: 많은 양의 현금을 대신하는 종이. 은행 계좌에 들어 있는 돈만큼 발급할 수 있다. 미국 수표에는 앞면에, 우리나라 수표는 뒷면에 이용자의 개인 정보를 쓰도록 되어 있다.

> 미국 연방 수사국, 에프비아이(FBI)는 설립된 지 **100년이** 넘었어.

'포도청'은 조선 시대에 도둑을 잡거나 죄인을 조사했던 기관이야. 오늘날 경찰서, 법원과 비슷해.

개 가면을 쓴 도둑

미국 펜실베이니아주 크랜베리타운십

추욱 늘어진 귀, 커다란 눈, 긴 혓바닥. 디즈니 만화 캐릭터 '구피'를 아니? 미국의 한 도둑은 식료품 가게를 털러 가면서 구피 가면을 쓴 자기 모습이 몹시 마음에 들었어. 그런데 가게에 있던 점원이 도둑을 보자마자 웃음을 빵 터뜨렸지 뭐야. 모욕감을 느낀 도둑은 계획을 모두 접고 가게를 떠나 버렸단다. 가게로 출동한 경찰은 점원에게 차분히 이렇게 말했어.
"이럴 때에는 웃지 않는 것이 좋습니다. 하마터면 위험할 수 있었어요."
운이 나빴더라면 도둑이 자기를 비웃는 것에 화가 나서 공격할 수 있으니까.

식료품: 음식의 재료가 되는 물품.

눈보라 속에 갇힌 운전자들에게 **금품을 훔치던 청소년들은** 자기들도 **눈보라**에 갇혀 체포되고 말았어!

열을 탐지해서 촬영하는 '열화상 카메라'를 장착한 드론은 달아나는 용의자를 추적하여 체포하는 데 도움을 줘.

텔레비전에 푹 빠진 도둑

미국 캘리포니아주 살리나스

이보다 황당한 도둑이 있을까? 자동차를 훔치고 달아나던 도둑이 거리에 서 있던 차를 들이받고는 갑자기 가정집으로 들어갔어. 뒤쫓던 경찰도 도둑을 따라 집으로 향했지. 집으로 들어가기 전, 치열한 몸싸움을 예상한 경찰은 열린 문 너머로 보이는 모습에 놀라지 않을 수 없었단다. 도둑이 숨기는커녕 소파에 태연하게 앉아 텔레비전을 보고 있었던 거야! 도망치던 도둑도 눈을 못 뗄 정도로 무척 재미있는 프로그램이었나 봐.

> 1899년에 미국에서 맨 처음 속도 위반으로 체포된 사람은 **시속 19킬로미터**로 달리고 있었어.

'스쿨 존'은 어린이들을 교통사고로부터 보호하기 위해 유치원과 초등학교 주변에 설정한 특별 보호 구역이야.

시속: 1시간 동안 이동한 거리를 기준으로 잰 속도.

지폐에 잘못 나온 얼굴
미국 인디애나주 라피엣

우리나라 돈에는 금액에 따라 역사적 인물이나 위대한 문화유산이 담겨 있어. 다른 나라도 마찬가지야. 미국의 100달러짜리 지폐에는 미국의 독립에 큰 역할을 한 벤자민 프랭클린, 50달러짜리 지폐에는 미국 18대 대통령 율리시스 그랜트, 5달러짜리 지폐에는 에이브러햄 링컨이 그려져 있지. 그런데 어느 식당 종업원이 받은 100달러 지폐에는 에이브러햄 링컨이, 5달러 지폐에는 벤자민 프랭클린이 그려져 있었어. 신고를 받고 출동한 경찰이 손님의 지갑을 조사하자 가짜 돈이 잔뜩 들어 있었단다. 가짜 돈을 만들려면 돈이 어떻게 생겼는지 정도는 공부했어야 하지 않을까?

> 프랑스에서 무려 **700킬로그램** 넘는 **치즈**와 **버터**를 훔친 도둑들이 있어.
> 끙끙. 아이고, 무거워.

우리나라 돈에 등장하는 인물은 누구일까? 백 원에는 이순신, 천 원에는 이황, 오천 원에는 이이, 만 원에는 세종대왕,

오만 원에는 신사임당이 등장해. 모두 조선 시대 인물이지. 오백 원에는 인물이 아닌 두루미가 그려져 있단다.

도둑이 범행 장소에 들어가기 위해 사용했던 드라이버, 망치 같은 도구의 흔적은 사건의 아주 중요한 단서야.

혹시 이 연장의 주인을 아십니까?

미국 펜실베이니아주 요크

트럭에서 연장을 훔치고 의기양양한 남녀 한 쌍이 훔친 물건을 팔아 치우겠다며 자동차 정비소로 들어갔어. 이들은 직원을 불러 물건들을 보여 주고는 사겠냐고 물었지. 그런데 직원의 표정이 심상치 않았어. 왠지 그 연장이 눈에 익었거든. 바로 그 직원의 물건이었으니까. 도둑맞은 물건이 알아서 주인의 품으로 돌아오다니, 이런 우연이 또 있을까?

연장: 어떤 일을 하기 위해 사용되는 도구.

생닭으로 연못에 있는 **악어를 꾀어** 훔치려고 했던 학생 두 명이 결국 붙잡히고 말았어.

범인이 어떤 도구를 사용했는지 알면, 사건이 어떻게 벌어졌는지 구성하는 데 큰 도움이 되기 때문이지.

엄마에게 건 전화 한 통
미국 조지아주 빌라리카

어떤 친절한 남자는 자기 집에서 물건을 훔치는 도둑에게 **샌드위치**를 만들어 대접했대.

빈집에서 친구와 도둑질을 하던 도둑이 갑자기 엄마 생각이 났어. 도둑은 자기의 휴대 전화가 아니라 빈집에 있는 전화로 엄마에게 전화를 걸었지. 하지만 현명한 집주인은 집에 돌아와 수상한 점을 발견하고 곧바로 전화기 재다이얼 버튼을 눌러 보았어. 전화를 받은 사람이 누구였게? 맞아! 바로 도둑의 엄마였어. 경찰은 전화를 받은 엄마의 도움으로 도둑을 쫓았단다. 자식이 물건을 훔쳤다는 사실을 알았을 때 엄마는 얼마나 속상했을까?

재다이얼: 앞서 걸었던 전화번호로 다시 전화를 거는 기능.

사람마다 목소리가 모두 달라. 그래서 목소리는 범인을 잡는 데 아주 중요한 단서가 되지. 목소리를 바꾸기 위해

특별한 장비를 사용해도 소용없단다. 요즘은 일부러 바꾼 목소리도 과학 수사를 통해 분석할 수 있거든.

범죄 심리학은 범죄자의 행동과 마음을 연구하는 학문이야. 범죄 심리학자는 범죄자들의 생각과 행동을 연구하여

경찰과 나눈 문자 메시지

미국 노스캐롤라이나주 카토바 카운티

"**당**신을 체포하겠소!"
쫓고 쫓기는 추격전 끝에 경찰이 도둑질을 반복하던 남자를 체포했어. 경찰은 남자가 가진 휴대 전화를 빼앗고, 경찰서로 데려가려고 했지. 그런데 그때 남자의 휴대 전화에 문자 메시지가 한 통 도착했어.
"아직 그 집에 못 갔어?"
문자를 보낸 사람은 남자와 함께 범죄를 저지른 사람이었어! 경찰은 도둑인 척하며 상대방에게 다시 문자를 보냈지.
"못 갔어. 나 좀 거기 데려다줄래?"
공범이 남자를 데리러 왔을 때 그를 기다리고 있던 사람은 다름 아닌 경찰이었단다.

공범: 범죄를 함께 저지른 사람.

이럴 수가!
미국 네브래스카주 빨래방에서 도둑이 **진공청소기**로 동전을 슉슉 빨아들였어. 하나도 남김없이 몽땅!

범죄가 일어난 원인 등을 분석하지. 수사에 도움을 주고, 범죄를 예방하는 것이 목적이란다.

당신, 찍히고 있어!
영국 잉글랜드 맨체스터

비디오카메라가 있는 전자 제품 가게를 턴 도둑을 찾아내는 건 식은 죽 먹기야. 카메라가 도둑의 모습을 모조리 찍고 있을 확률이 높기 때문이지. 어리석은 도둑이 8대의 카메라가 설치된 가게에서 노트북 컴퓨터를 훔치고 있었어. 도둑이 하는 짓은 비디오카메라를 통해 매장에 있는 텔레비전 화면에 나오고 있었지. 도둑을 잡은 뒤 녹화된 영상을 본 가게 주인은 이렇게 말했어.
"유리창 밖으로 자기 모습이 다 보인다는 걸 깨달은 도둑이 어쩔 줄 몰라 방방 뛰는 모습에 웃음을 참을 수가 없었어요!"

> 한 사업가가 미국의 전설적인 도둑 **존 딜린저**의 **얼굴 모형**을 샀대. 약 **360만 원**이나 주고 말이야.

보고 듣고 말하는 CCTV가 있어. CCTV 안에 스피커와 특별한 센서가 들어 있어서 구조를 요청하는 사람의

목소리를 듣고 반응하거나 불법 주차, 쓰레기를 함부로 버리는 사람을 발견하여 경고 방송을 하기도 해.

1997년 1월, 우리나라에서 탈옥 사건이 일어났어. 탈옥수는 교도소 화장실의 환풍기 구멍으로 방을 빠져나간 뒤

128 환풍기: 실내의 더러워진 공기를 바깥의 맑은 공기와 바꾸는 기구. 보통 프로펠러 모양의 팬이 달려 있다.

잠시 나갔다가 돌아오려 했는데…

미국 조지아주 우드바인

감옥에서 죄수 한 명이 탈옥했어! 세 명의 다른 죄수들이 낑낑대며 도와준 덕분에 가능했지. 자유의 몸이 된 죄수는 가장 먼저 어디로 향했을까? 바로 편의점이었단다. 탈옥을 도와준 세 명의 친구에게 맛있는 과자를 선물하기로 한 거야. 그것도 훔쳐서! 하지만 죄수는 다시 감옥으로 돌아오는 길에 그만 교도소 경비원에게 들키고 말았어. 아마 죄수는 아주 오랫동안 편의점에서 과자를 사 먹을 수 없었겠지?

탈옥: 죄수가 감옥에서 몰래 빠져나와 달아나는 일.

영국의 어떤 도둑은 **빈집을 털고 떠나기 전**에 종종 **설거지**를 해 놨대. 깔끔!

땅굴을 파서 교도소 밖으로 탈출했지. 환풍기 구멍을 통과하려고 두 달 동안 15킬로그램이나 뺐다지 뭐야.

이런, 기름이 없잖아!
미국 테네시주 쿠키빌

경찰이 웬 트럭이 수상해 보인다는 신고를 받고 출동했어. 트럭 짐칸에는 도난당한 의자가 있었고, 차 안에 세 명의 도둑이 타고 있었지. 기름이 떨어진 줄 모르고 주차장에 잠깐 트럭을 세웠는데 그대로 멈춰 버린 거야. 도둑들은 자기들이 한 멍청한 짓에 충격받은 나머지 그 자리에 멍하니 있었단다. 도망치려고 훔친 차 때문에 발이 묶여 버리다니. 어리석은 세 도둑을 체포한 경찰은 이렇게 말했어. "이 사람들은 계획을 세우는 데는 영 소질이 없군요."

> 태국의 사기꾼 차모이 티파이아소는 **세계에서 가장 긴 징역형**을 선고받았어. 무려 **14만 1078년!**

범죄 현장에 찍힌 발자국을 잘 조사하면 사건 해결에 실마리가 될 수 있어. 신발의 종류, 크기, 닳아 있는

모양이나 방향에 따라 범인의 걸음걸이, 움직이는 방향 등을 알아낼 수 있지.

자동차 사고 현장에서 도로에 새겨진 까만 타이어 자국을 본 적 있니? 빠르게 달리던 차가 갑자기 브레이크를

132 브레이크: 달리는 자동차의 속도를 줄일 때 사용하는 장치.

달콤한 추격전
미국 메릴랜드주 찰스 카운티

가게를 털고 나온 도둑 두 명의 시선을 확 사로잡은 차가 있었어. 바로 아이스크림 트럭! 도둑들은 이 트럭도 훔쳐 달아났지. 하지만 차가 너무 튀었던 걸까? 밤 10시에 고속 도로를 질주하는 아이스크림 트럭은 경찰관들에게 의심을 샀고, 곧 경찰차와 아이스크림 트럭의 숨 막히는 추격전이 시작되었어. 끝내 도둑들은 경찰차를 따돌리지 못하고 붙잡히고 말았단다. 도주할 차를 고를 때 좀 더 신중했으면 좋았을 텐데 말이야.

어떤 도둑이 **관 속에서 죽은 척하며** 숨어 있다가 **숨을 쉬는 바람에** 들통 나고 말았어.

밟을 때 생겨. 이걸 잘 보면 자동차의 속도와 방향, 운전자가 일부러 사고를 냈는지 실수인지 등을 알 수 있어.

관: 죽은 사람을 담는 긴 네모 상자.

느려도 너무 느린 도망자
미국 뉴햄프셔주 도버

털털 탈탈탈. 이게 무슨 소리냐고?
 도둑이 경찰에게 쫓겨 도망가는 소리야. 자동차로 쌩하고 달려도 모자랄 판에 잔디 깎는 기계를 타고 도망가는 도둑이 있었다니까. 도둑은 계획대로 물건을 훔친 뒤 유유히 건물을 빠져나가 잔디 깎는 기계에 올라탔어. 신고를 받고 출동한 경찰은 아주 여유롭게 추격전을 벌였지. 역시나 얼마 안 가 도둑은 붙잡히고 말았단다. 누군가 그 추격전을 보았다면 이들이 도둑과 경찰이라고 꿈에도 상상하지 못했을 거야.

미국 네브래스카주 레이시에서는 한때 **가운데**가 **뻥 뚫린 도넛**을 파는 게 불법이었어.

블랙박스는 자동차나 비행기에 설치하는 실시간 영상 자동 기록 장치야. 사고가 났을 때 블랙박스에 기록된

영상이 사고의 원인을 밝히는 데 중요한 역할을 하지. 충격 감지, 동작 감지 등 그 기능은 나날이 발전하고 있단다.

우리나라 경찰이 되려면 경찰 공무원 시험에 합격해야 해. 시험은 1년에 3~4번 정도 치러지지. 한국사, 영어,

범인을 잡기 위한 거짓 시험

미국 캘리포니아주 출라비스타

경찰이 자기가 추적하던 좀도둑에게 전화해서 자수를 권유했어. 그런데 도둑은 자랑스럽게 자기의 계획을 말했어. 경찰 선발 시험을 치러야 해서 자수를 할 수 없다고 말이야. 이 이야기를 들은 경찰은 한 가지 작전을 짰어. 도둑에게 경찰서에 따로 방을 마련해 줄 테니 시험을 보라고 전한 거야. 도둑은 정말 자기가 시험을 볼 수 있게 된 줄 알고 설레는 마음으로 경찰서에 왔지만, 곧 체포되었단다.

자수: 범인이 스스로 수사 기관에 자신의 범죄 사실을 신고하는 일.

1963년 영국에서는 **약 48억 원**이 넘는 돈을 빼앗긴 **열차 강도 사건**이 일어난 적 있어.

경찰학 등 지식을 평가하는 시험과 튼튼한 몸과 체력을 가졌는지 평가하는 신체·체력 검사를 치러야 한단다.

치즈 맛 과자를 따라가세요

미국 미네소타주 세인트폴

동화 『헨젤과 그레텔』에서 주인공 남매는 지나가는 길에 빵 부스러기를 떨어뜨려 흔적을 남겼지. 이 도둑들은 치즈 맛 과자로 자기 흔적을 남겨 덜미를 잡히고 말았단다. 경찰관이 한 건물에서 부서진 자판기를 조사하다가 과자가 사라졌다는 걸 발견했어. 그런데 주변에 치즈 맛 과자가 줄지어 떨어져 있는 게 아니겠어? 경찰관은 홀린 듯 과자의 흔적을 따라갔지. 치즈 맛 과자 끝에는 한 집이 있었고, 그 집에서 잔뜩 훔친 과자들과 도둑들을 찾을 수 있었단다. 과자가 도둑들이 있는 곳으로 경찰관을 안내한 셈이야.

> 미국 일리노이주 시카고에서는 **개인이 비둘기를 기르는 걸** 법으로 금지해.

만든 사람의 허락 없이 불법으로 똑같이 만들어서 판매되는 책, 컴퓨터 프로그램, 비디오테이프, 모바일 게임

등을 '해적판'이라고 해. 해적들이 바다에서 훔친 물건을 육지로 가져와 팔았던 일에서 유래된 말이야.

깨진 유리, 흙, 옷에서 떨어진 실오라기처럼 우리 눈에 잘 보이지 않지만, 사건 현장에 남아 있는 증거물을

더러운 건 못 참아!

미국 오리건주 포틀랜드

도둑이 경찰에게 도움을 요청하는 경우는 흔하지 않아. 그런데 이 도둑은 도둑질하러 들어간 집에서 스스로 경찰을 불렀어. 왜냐고? 도둑은 빈집을 다 털고 나서기 전에 깨끗이 씻고 싶었어. 바로 자기가 도둑질한 집에서 말이야! 그런데 샤워를 하다가 밖을 내다보니 주인이 개 두 마리와 함께 돌아오는 게 아니겠어? 도둑은 주인에게 총이 있을지도 모른다고 지레 겁을 먹고는 경찰에 신고했어. 당연히 집주인도 경찰에 신고했지. 도둑은 경찰에 체포되면서도 주인에게 총이 없었다는 사실에 안심하지 않았을까?

> 개의 한 품종인 **스프링거 스파니엘**은 죄수들이 교도소에 갖고 들어온 **휴대 전화를 냄새로** 찾아낼 수 있어.

'미세 증거물'이라고 해. 우리나라는 2006년에 미세 증거물을 이용한 수사 기법이 처음 도입됐어.

줄을 잘 섰어야지!
캐나다 브리티시컬럼비아주 뉴웨스트민스터

오랑우탄은 툭하면 **동물원**을 **탈출**하는 동물로 유명해. 자기를 가둬 둔 **우리**가 감옥 같은가 봐.

경찰서 앞 카페. 사람들이 음료를 주문하려고 줄을 서 있었어. 줄의 맨 앞에는 경찰관 두 명이 차례를 기다리고 있었지. 그런데 잠시 뒤 한 남자가 후다닥 들어와 새치기를 하고는 점원에게 돈을 내놓으라고 하는 거 아니겠어? 경찰관 코앞에서 말이야. 경찰관들은 커피를 주문하기도 전에 도둑질하려던 남자를 끌고 나갔지. 돈을 훔칠 생각에 경찰복도 보지 못했나 봐. 마음이 너무 바빴지 뭐야.

미국 캘리포니아대학교 연구에 따르면 사람은 하루에 적어도 한 번 이상 거짓말을 한다고 해. 거짓말을 할 때에는

눈을 자주 깜박이거나, 손으로 코나 입을 만지거나, 했던 말을 또 하는 등 평소와 다르게 행동한대.

거짓말 탐지기는 말할 때 호흡, 맥박, 땀, 혈압의 변화를 측정해서 참말인지 거짓말인지 알아내. 하지만 사람의

트렁크에 갇힌 남자
미국 캘리포니아주 프레즈노

깜깜한 어둠 속, 물건으로 가득한 곳에 한 남자가 낑낑대고 있었어. 자동차 트렁크에 갇혀 버렸거든. 얼마가 지났을까? 철컥. 트렁크 문이 열리고, 빛을 본 남자는 무척 기뻤어. 눈앞에는 경찰관도 있었지. 그는 경찰관에게 자기가 납치되어 트렁크에 갇혔다고 횡설수설하며 말했어. 하지만 경찰관은 속지 않았어. 남자 주변에 오디오 장비와 자동차용품들이 가득했거든. 남자는 사실 물건을 훔치려고 트렁크 속으로 파고들었다가 갇혀 버린 거야. 저런, 경찰관을 속이려면 좀 더 그럴듯한 거짓말이 필요했을 텐데 말이야.

조용한 기차 안에서 무려 **16시간 동안** 전화로 수다를 떨던 한 승객이 경찰에 체포되었어. 얼마나 시끄러웠으면 그랬겠어!

몸은 아주 작은 자극에도 쉽게 변하기 때문에 거짓말 탐지기의 결과는 참고 자료로만 사용하고 있단다.

방심하다 큰코다쳐요
미국 워싱턴주 먼로

백화점에서 판매하고 있던 물건이 사라졌어! 사라진 물건은 배낭, 해먹, 쿠션이었지. 경찰은 물건을 찾아 주변을 샅샅이 뒤지기 시작했단다. 사라진 물건은 금세 찾았어. 백화점 주차장에서 약 60미터 떨어진 들판에 널브러져 있었지 뭐야. 그 옆에는 두 명의 도둑이 곤히 자고 있었어. 한 명은 훔친 쿠션을 베고, 다른 한 명은 해먹을 바닥에 깔아 한가로이 낮잠을 즐기고 있었지. 아무리 피곤해도 그렇지, 범죄 현장에서 벗어났다고 너무 마음 놓고 있었던 건 아닐까?

해먹: 기둥 사이나 나무 그늘 같은 곳에 달아매어 누워서 잘 수 있도록 만든 그물.

컴퓨터 시스템을 못 쓰도록 잠근 뒤 다시 쓰게 해 주는 대가로 돈을 요구하는 악성 프로그램이 있어. 바로 랜섬웨어!

'부검'은 사건 현장에서 죽은 사람이 언제, 어떻게, 왜 죽었는지 밝히기 위해 시신을 검사하는 거야.

'프로파일러'는 범죄 심리 분석가라고도 해. 범인의 심리 및 행동이나 사건과 관련된 여러 단서를 분석해서 사건을

왜 하필 그 순간 바지가 주르륵…

미국 인디애나주 라펠

도둑이 편의점에서 간식을 잔뜩 집어 들어 자기 바지 안에 쑤셔 넣었어. 헐렁한 바지가 물건을 숨기기에 가장 좋다고 생각한 거야. 그러고는 유유히 편의점을 나오는 순간, 편의점 주인이 도둑을 빤히 바라보더니 도둑의 옷에 달린 모자를 꽉 움켜쥐는 게 아니겠어? 도둑은 도망가려고 발버둥치며 안간힘을 썼지. 그런데 그때 바지가 주르륵 흘러내리면서 바지 안에 숨겼던 간식들이 드러났어. 바지도 벗겨지고, 도둑질도 들키고. 꽤나 창피했겠지?

미국 연방 수사국이 수배한 용의자 중 **150명 이상이** 일반 사람들의 제보로 체포되었어.

해결할 수 있도록 도움을 주지. 주로 연쇄 살인 사건처럼 반복되는 사건을 자세하게 분석해야 할 때 투입돼.

제보: 정보를 제공함.

순식간에 몸이 불어난 여자
벨기에 안트베르펜

백화점에서 어떤 여자가 엉거주춤 걸어가고 있었어. 주변의 경비원들은 전부터 이 여자의 움직임을 지켜보고 있었지. 처음 들어왔을 때보다 덩치가 점점 커지고 있었기 때문이야. 아무래도 여자가 수상쩍었던 경비원들은 여자를 붙잡고 조사했어. 아니나 다를까, 여자는 무더운 여름날인데도 반바지, 운동복 세트, 열 개가 넘는 윗옷에 스웨터까지 껴입고 있었지 뭐야. 모두 훔친 옷들이었지. 심지어 운동화 한 켤레도 품에 안고 있었다니까. 결국 여자는 탈의실을 거쳐 경찰서로 향해야 했단다.

탈의실: 옷을 벗거나 갈아입는 방.

> 부산에서 어떤 택시 기사가 승객이 **뿡뿡 방귀를 뀐 게 화가 나** 위협했다가 경찰에 붙잡혔어.

‘섬유’는 옷감의 실을 만드는 가늘고 긴 재료야. 범죄 현장에서 발견되는 여러 가지 섬유는 사건의 중요한 단서야.

변기에 찍힌 손바닥 자국

미국 플로리다주 키라르고섬

도둑이 들었다는 신고를 받고 출동한 형사는 사건 현장을 조사하다가 변기에 남겨진 의문의 손바닥 자국을 발견했어. 손바닥이 찍힌 모양을 보니 화장실에서 볼일을 보다가 생긴 흔적은 아닌 것 같았지. 그런데 마침 변기 위에 창문이 있는 게 아니겠어? 변기 위 창문을 통해 집 안으로 들어오다가 변기에 손을 대는 바람에 도둑은 덜미가 잡혔지 뭐야. 형사는 그 손바닥 자국에 새겨진 지문으로 금세 도둑을 체포할 수 있었단다.

어떤 앵무새가 새벽 4시에 집에 침입한 **도둑을 보고 괴성을 질러서** 쫓아냈대.

우리나라는 만 17세가 되면 주민등록증을 만들면서 지문 정보를 등록해. 이 정보는 나라에서 관리하고 있어.

알리바이란 범죄자로 의심받는 사람이 범죄가 일어난 때에 범죄 현장 말고 다른 장소에 있었다는 사실을

뻔뻔한 트럭 주인
미국 오하이오주 먼로 카운티

냉동 피자를 훔쳐 트럭에 가득 싣고 달아나던 도둑이 있었어. 경찰은 그 뒤를 바짝 쫓고 있었지. 도둑은 도망가다 담장에 트럭을 들이받고 차에서 내려 도망갔어. 경찰은 코앞에서 도둑을 놓쳐 버렸지 뭐야. 그런데 다음날 도둑이 뻔뻔하게도 트럭 도난 신고를 했어. 게다가 왜 자기 트럭에 피자가 들어 있는지 모르겠다며 시치미를 뗐지. 도둑은 결국 트럭은 되찾을 수 있었지만, 대신 감옥에 가게 되었단다. 도둑의 거짓말은 절대 경찰에게 통하지 않았으니까!

끄아앗, 불법으로 **바닷가재를** 잡다가 들키자 **바지 속에 숨긴** 남자가 경찰에 붙잡혔어. 집게발에 다리는 무사했을까?

주장하여 죄가 없음을 증명하는 방법이야. 우리말로 '현장 부재 증명'이라고도 해.

동전 길을 따라서
미국 위스콘신주 프레즈노

편의점에서 두 남자가 95만 원어치의 지폐와 동전을 훔쳤어. 훔친 돈은 우유 상자에 넣었지. 그런데 도둑들이 지나는 곳마다 우유 상자 사방에 송송 뚫린 구멍으로 동전들이 주르륵 새 나왔어. 어디로 가는지 동전으로 흔적을 남긴 셈이야. 게다가 하필 눈이 온 뒤라 두 남자의 발자국이 쌓인 눈에 선명하게 찍혀 버렸어. 경찰들은 발자국과 동전을 따라가며 도둑의 집 앞까지 찾아갔단다. 그다음에 무슨 일이 일어났을지는 말 안 해도 알겠지?

> 네덜란드의 한 도둑이 주인 몰래 집을 털다가 배가 고파서 **생선**을 튀겨 먹었어. 어휴, 냄새. 주인이 모를 수가 없었겠지?

우리나라에서는 동전을 녹여 팔거나 다른 물건으로 만들면 감옥에 가거나 벌금을 내야 해.

몸에 새긴 범죄 현장

미국 캘리포니아주 피코리베라

과거에 자기가 속한 범죄 조직이 벌인 총싸움 현장을 몸에 문신으로 새긴 남자가 있었어. 몸에 새겨 기억하고 싶었나 본데, 이 남자는 결국 문신 때문에 감옥에 갇히게 되었지. 어느 날 남자는 운전면허가 정지된 상태로 차를 운전하고 가다가 그만 경찰에게 붙잡혔어. 이 남자를 조사하던 경찰은 가슴에 새겨진 독특한 문신을 확인하고는 수상하게 여겼단다. 치열한 난투극 현장이 아주 자세히 그려져 있었거든. 추가 조사 결과 7년 동안 풀지 못한 범죄 사건의 비밀이 밝혀졌고, 문신의 주인은 감옥에서 20년이나 살게 되었어.

문신: 살갗을 바늘로 찔러 글씨, 그림 등을 새기는 것.
난투극: 한데 엉켜 치고받으며 싸우는 소동.

어떤 부부가 홍수 경보가 발표된 날 **구명조끼도 없이 래프팅**을 하다가 경찰에 붙잡혔어. 헉, 어쩌려고 그런 거야!

사건 현장에 있던 피해자나 목격자가 충격으로 당시 상황을 기억하지 못할 때 최면을 걸어 기억을 되살리기도 해.

래프팅: 고무보트를 타고 계곡의 급물살을 헤쳐 나가는 스포츠.

친절한 전화 예고

미국 코네티컷주 페어필드 카운티

"**거**기로 곧 1억 원을 훔치러 가겠다."

두 명의 남자가 은행에 전화를 걸어 이렇게 말했어. 당연히 은행 직원은 강도들이 도착하기 전에 경찰에 신고했지. 조금 있다가 정말 남자 한 명이 은행에 들어와 돈을 요구했어. 남자가 돈을 챙겨 은행 문을 나서자마자 경찰은 기다렸다는 듯이 그를 붙잡아 수갑을 채웠지. 다른 한 명은 도주하려고 기다리던 차에서 붙잡았단다. 돈을 준비할 수 있도록 미리 알려 주는 도둑이라니, 너무 친절한 거 아니야?

폴란드에서 어떤 도둑이 자기가 도둑질했던 **가게 화장실에서 잠들었다가** 체포되었어.

핏자국은 떨어진 높이에 따라 그 크기와 테두리 모양이 달라. 사건 현장에 남겨진 핏자국의 모양을 잘 분석하면

군대에는 '군사 경찰'이라는 조직이 따로 있어. 예전에는 '헌병'이라고 불렀지. 군인이 범죄를 저지르면 군사 경찰이

열면 잠그고, 또 열면 잠그고…
미국 플로리다주 레이크시티

도둑이 차에 침입한 것을 발견한 차 주인이 재빨리 차 열쇠를 들고 차가 있는 쪽으로 달려갔어. 마침 도둑도 다가오는 차 주인을 보고 차에서 내려 도망가려 했지. 과연 누가 더 빨랐을까? 아주 간발의 차이로 차 주인이 더 빨랐어. 멀리서도 차 열쇠로 문을 잠글 수 있었거든. 도둑은 계속 문을 열려고 안간힘을 썼어. 하지만 주인은 도둑이 문을 열 때마다 잠그고 잠그고 또 잠갔지. 도둑은 마침내 항복했고, 경찰이 도착해서 자기를 잡아가길 기다렸단다.

콜롬비아의 한 교도소 수감자들이 **불법 소포**를 배달하려고 **비둘기를 훈련시키다** 들통났대. 저런, 가여운 비둘기들!

출동하고, 군대를 관리하는 국방부에서 수사해.

숨바꼭질이라고?
미국 메릴랜드주 노스이스트

어느 날, 가게에 막 출근한 매니저가 천장 쪽에서 이상한 소리를 들었어. 가까이 다가가 보았더니, 으악! 환풍기 구멍으로 웬 다리가 덜렁덜렁 매달려 있는 게 아니겠어? 가게를 털려고 환풍기 구멍으로 들어왔다가 몸이 꽉 끼어 버린 것 같았지. 구조대가 도착해서 도둑을 꺼내 준 뒤 경찰이 체포하려는 순간, 도둑은 이렇게 변명했단다. "하핫, 친구들과 숨바꼭질을 하다가 끼어 버렸지 뭐예요!" 그 말을 누가 믿겠어. 어디 더 그럴싸한 변명 없어?

> 어떤 약사가 버릇처럼 약을 훔치는 도둑을 골탕 먹이려고 **약통에 약 대신 강낭콩을 채웠어.**

치아는 우리 몸에 있는 다른 뼈보다 더 단단하고, 불에 잘 타지도, 쉽게 썩지도 않아. 그래서 발견된 시체가

누군지 확인하기 어려울 때 시신의 치아와 치과 치료 기록을 비교해서 밝혀낼 수 있단다.

뼈만 남은 시신이 발견되었더라도 그 사람의 나이, 성별, 키 등을 알아낼 수 있어. 머리뼈에 근육과 살을 입혀

훔친 돈이랑 바꾸실래요?

미국 뉴욕주 브루클린

다른 사람 집에서 몰래 돈을 훔쳐 나온 도둑이 그 집에 지갑을 두고 나왔다는 걸 깨달았어. 지갑을 챙기러 다시 창문으로 들어갔지만, 집주인에게 들켜 버렸지. 집주인이 놀라 도둑에게 지금 뭐 하는 거냐고 따져 물었더니, 도둑은 이렇게 변명했어.

"미안하지만, 화장실을 좀 쓰려고요."

당연히 집주인은 그 말을 믿지 않았어. 그 순간 집 현관문 틈으로 돈이 밀려 들어오는 게 아니겠어? 도둑은 문 밖에서 돈을 돌려줄 테니 자기가 두고 온 지갑과 바꾸자고 얘기했지. 하지만 그때는 집주인이 이미 경찰에 신고한 뒤였고 얼마 뒤 도둑은 체포되었단다. 아무래도 공평한 거래가 아닌 것 같았거든.

> 프랑스의 굴 양식장 청소부가 **굴을 24만 개나** 훔친 사건이 있어. 굴까지 하나하나 닦을 셈이었나?

살아 있을 때의 얼굴을 만들어 내는 '복안' 기술까지 활용하면 누구인지도 알아낼 수 있지.

기발하고 괴상하고 웃긴 퀴즈 타임!

❶ 사건 현장에 남아 있는 **단서**를 **화학, 의학** 등으로 분석하는 **수사**는? (힌트 8쪽)

❷ **지문**은 사람마다 **모양**이 달라. (힌트 20쪽)   O . X

❸ 우리나라 **지폐**에는 **가짜 돈**과 구분할 수 있도록 (　　　)색 선을 넣었어. (힌트 22쪽)

❹ **노트북, 휴대 전화, 인터넷** 등에 남아 있는 **정보**를 분석해 **범죄 단서**를 찾는 **과학 수사** 기법은? (힌트 35쪽)

❺ 주로 어떤 장소를 **감시**하기 위해 설치하는 **텔레비전**은? (힌트 44쪽)

❻ 과학 수사대는 사건 현장에 들어가기 전에 특별한 차림을 해. (힌트 76쪽)   O . X

❼ **마약**을 불법으로 사용한 사람을 잡기 위해 **오줌**이나 (　　　)을 검사해. (힌트 95쪽)

아래의 퀴즈를 풀고,
업그레이드 된 과학 지식을 확인해 보세요.

❽ 사건 현장을 조사할 때 이미 닦아 낸 핏자국을 찾기 위해 사용하는 용액은? (힌트 96쪽)

❾ 우리의 모습을 결정하는 유전 물질은? (힌트 100쪽)

❿ 곤충을 이용해 범죄 사건을 수사하는 사람은? (힌트 105쪽)

⓫ (   )는 호흡, 맥박, 혈압 등의 변화를 측정해. (힌트 144쪽)

⓬ 죽은 사람이 언제, 어떻게, 왜 죽었는지 밝히기 위해 시신을 검사하는 것은? (힌트 146쪽)

⓭ 치아는 뼈보다 물렁하고, 불에 쉽게 타. (힌트 164쪽)   O · X

⓮ 시신의 머리뼈에 근육과 살을 입혀 살아 있을 때의 얼굴을 만들어 내는 기술은? (힌트 167쪽)

정답: 1. 과학 수사 / 2. O / 3. 인 / 4. 디지털 풍원사 / 5. 시시티브이(CCTV) / 6. O / 7. 마리가린 / 8. 루미놀 용액 / 9. 디엔에이(DNA) / 10. 법 곤충학자 / 11. 거짓말 탐지기 / 12. 부검 / 13. × / 14. 복원 기술

지은이 **내셔널지오그래픽 키즈**

내셔널지오그래픽 협회는 1888년 설립되어 130년 넘게 우리를 둘러싼 지구를 이해하기 위한 여러 가지 프로젝트를 실행하고 있다. 내셔널지오그래픽 매거진은 매달 28개국과 23개의 언어로 수백만 명의 독자들을 만나고 있으며, 어린이 출판 브랜드인 내셔널지오그래픽 키즈는 과학, 모험, 탐험 콘텐츠를 독보적인 수준의 사진 자료와 함께 제공하고 있다.

그린이 **톰 닉 코코토스**

수년 동안 내셔널지오그래픽 키즈 매거진에 삽화를 그렸으며, 디즈니, 뉴욕 타임스 등에서 출간한 수많은 책들에 삽화를 실었다. 골드 애디상, 폴리오 매거진 오지 어워드, 아메리칸 일러스트레이션 어워드 등에서 수상하였으며, 뉴욕주립대학교 산하 전문학교인 뉴욕패션기술대학교의 겸임 교수다.

옮긴이 **신수진**

한국외국어대학교 영어과를 졸업한 뒤 오랫동안 출판사에서 어린이책 편집자로 일했다. 자연이 아름다운 제주도에 살면서 어린이책을 번역하고, 그림책 창작 교육과 전시 기획을 하고 있다. 그동안 옮긴 책으로는 『내 친구 스누피』, 『배드 가이즈』 시리즈와 『많아도 너무 많아!』, 『완벽한 크리스마스를 보내는 방법』, 『젓가락 짝꿍』 등이 있다.

1판 1쇄 찍음 - 2022년 4월 8일, 1판 1쇄 펴냄 - 2022년 4월 20일
지은이 내셔널지오그래픽 키즈 **그린이** 톰 닉 코코토스 **옮긴이** 신수진 **펴낸이** 박상희 **편집장** 전지선 **편집** 이혜진, 이정선 **디자인** 천지연
펴낸곳 (주)비룡소 출판등록 1994. 3. 17.(제16-849호) 홈페이지 www.bir.co.kr
주소 06027 서울시 강남구 도산대로1길 62 강남출판문화센터 4층 전화 영업 02)515-2000 팩스 02)515-2007
편집 02)3443-4318,9 **제품명** 어린이용 반양장 도서 **제조자명** (주)비룡소 **제조국명** 대한민국 **사용연령** 3세 이상

WEIRD BUT TRUE! STUPID CRIMINALS
Copyright © 2012 National Geographic Partners, LLC.
Illustrations Copyright © 2012 Tom Nick Cocotos.
Korean Edition Copyright © 2022 National Geographic Partners, LLC.
All rights reserved.
NATIONAL GEOGRAPHIC and Yellow Border Design are trademarks of the National Geographic Society, used under license.

이 책의 한국어판 저작권은 National Geographic Partners, LLC.에 있으며, (주)비룡소에서 번역하여 출간하였습니다.
저작권법에 의해 한국 내에서 보호를 받는 저작물이므로 무단 전재와 무단 복제를 금합니다.

ISBN 978-89-491-3206-8 74030 / ISBN 978-89-491-3201-3 (세트)

내셔널지오그래픽 130년 노하우로
쏙쏙 뽑아낸 웃기고 귀엽고 소름 돋고 신기한
동물 지식 총출동!

흔치 않은 지식을 생생한 사진으로

동물로 알아보는 심리 테스트

동물과 함께하는 직업을 가진 멋진 사람들

동물들을 실컷 볼 수 있는 최고의 여행지

기상천외 엉뚱발랄한 동물 소개 코너들!

T. J. 레슬러 지음 · 신인수 옮김 | 216쪽 | 13,000원 | 7세 이상